Gerhard Polt · Hanns Christian Müller • Ja mei ...

W0178001

GERHARD POLT
HANNS CHRISTIAN MÜLLER
Ja mei ...

Neue und umfassende alltägliche Geschichten

KEIN & ABER
POCKET

Weitere Bände der Reihe:
Da schau her (Band I)
Brauchts des? (Band III)
Mit Respekt (Band IV)

Das gesamte Werk von Gerhard Polt ist bei Kein & Aber erschienen.

Aktualisierte Neuausgabe
Alle Rechte vorbehalten
Copyright © 2022 by Kein & Aber AG Zürich – Berlin
Coverbild: Paul Sessner
Satz: Fotosatz Amann, Memmingen
Druck und Bindung: CPI books GmbH, Leck \
ISBN: 978-3-0369-6140-8
Auch als eBook erhältlich

www.keinundaber.ch

Inhalt

EINFÜHRUNG

i. A. Deutelmoser I

Ja, was hamma denn da? Herrschaftszeitn, das ist also auf Seite …
Ding – das ist die Akte Seattle. Jawohl. Aha.

Herrn Seattle – Komma – Häuptling.

Sehr geehrter Herr Seattle – Ausrufezeichen. Wir bestätigen
hiermit den Erhalt Ihres Schreibens vom 3. Juli 1846 und erlauben
uns, auf Ihre Anmerkungen Folgendes zu erwidern – Doppelpunkt.

Sie haben sich zu unhaltbaren Beschuldigungen und ehrverlet-
zenden Äußerungen hinreißen lassen. – Machen wir da ein Ausrufezeichen? Na ja, das is, machen wir da an Punkt. – Die Behauptung –
Anführungszeichen – die Erde würde zunehmend verbaut – verbaut
unterstrichen – und durch die zunehmende Verdrahtung gebe es
keine Adler mehr, möchten wir mit folgendem Hinweis entkräf-
ten – Doppelpunkt; vorher Anführungszeichen – Schluss.

Der Autobahnausbau München – Altötting – Strich – Simbach
ist durch weitergeführte Verkehrszählungen gerechtfertigt – Komma – aber durch die Heranziehung von Fachkräften aus dem bayerischen Umweltministerium ist der Transit für mehrere Froschar-
ten und Amphibien zu ihren Laichplätzen – Laich mit ai – so gut
wie gesichert – Punkt. In Absprache mit dem bayerischen Ver-
kehrsministerium ist für den Ausbau von ebendiesen Autobahn-
überquerungsdrainagen für Lurche – Komma – Frösche usw. ein
Etat von DM 2 800 in Aussicht gestellt. Das angeblich rückläufige
Flugaufkommen des Steinadlers wird durch erheblich zunehmen-
den Flugverkehr unserer Maschinen der Bundesluftwaffe – Waffe
mit zwei f – mehr als kompensiert – Punkt. Außerdem als Wap-
pentier – Komma – sowohl als Bundesadler – Komma – wie auch
Tiroler Adler – Komma – erfreut der Adler sich zunehmender
Beliebtheit – Punkt. Sie behaupten ferner – Komma – in Ihrer
Eigenschaft als Indianer – Komma – sowie auch Ihre restlichen
Mitglieder – Komma – Sie benutzen hier den vereinsrechtlich
nicht relevanten Begriff Stamm – Komma – jeder Teil der Erde
wäre mit Ihnen identisch – Komma – und glitzernder Tannenduft
sowie das Summen von Insekten wäre Ihnen heilig – Punkt.

Dr. jur. Alfons Zeidelmeier, Sachbearbeiter für das Sektenunwesen in Bayern – Komma – wird sich mit dieser Ihrer Aussage beschäftigen und sie auf den Tatbestand der Blasphemie – mit B, weichem B – Tatbestand untersuchen – Punkt. Ihr Vorwurf, dass die Abfallbeseitigung ungenügend sei – Komma – entbehrt jeglicher Grundlage. Ich verweise nur auf das vom Umweltministerium in Auftrag gegebene Gutachten von Prof. Hutzlinger – Punkt. – Na ja, denen werden mir's zeigen. – Wir fordern Sie hiermit auf, Ihre steinzeitlichen Schmähungen aus der Peripherie ab sofort zu unterlassen – Komma – oder wir sehen uns gezwungen – Komma – gerichtliche Schritte gegen Sie zu unternehmen.

Gerichtsstand ist das Landgericht Miesbach.

Hochachtungsvoll
i. A.
Deutelmoser

INNERES UND INNERDEUTSCHES

Im Amt

Ein Büroraum mit zwei Schreibtischen, darauf je ein Telefon, über der Eingangstür eine große Bürouhr, die 14.45 Uhr anzeigt. Herr Smrch, der Hausbote, telefoniert an einem der beiden Apparate.

SMRCH *wählt sehr lange Nummer, wartet, dann* Please can I have apartment seven-two-three? Yes, seven-two-three, thank you. – Hallo, Steffi, bist du's? – Ja. – Ich rufe vom Büro an, lass dir ruhig Zeit. – Ja. – Wie is 'n das Wetter bei euch in New York? – Bei uns hat's die ganze Nacht geregnet, aber jetzt soll's besser werden, laut Wetterbericht. – Wie spät ist es bei euch grade? – Dann gehst du jetzt frühstücken? – Wir haben schon Mittag gegessen hier – ausgezeichnet, fast wie ein Ortsgespräch … *Annerose Waguscheit betritt den Büroraum.* Jawohl, Herr Grunow, ich komme sofort. Selbstverständlich. Gut, Wiederhören. Hängt ein.

WAGUSCHEIT Mahlzeit.

SMRCH Mahlzeit.

WAGUSCHEIT Ah, Herr Smrch – warten S' an Augenblick, ich hab was für Sie. *Kritzelt in einen Aktenordner etwas hinein.* De Akte Reitmoser-Schwöpf, ich weiß auch net, irgenwie is sie mir liegenblieben. Da. *Gibt Smrch den Ordner.* Wenn's geht, noch vorm Kaffee.

SMRCH Wohin?

WAGUSCHEIT Des is egal, halt irgendwo nauf in'n dritten Stock.

DEUTELMOSER *betritt kauend das Büro* Mahlzeit.

WAGUSCHEIT Mahlzeit.

SMRCH Mahlzeit. *Will gehen.*

DEUTELMOSER Herr Smrch, ich hätt da zwei Einschreiben, de müaßatn heut no naus auf d' Post.
Smrch nimmt die beiden Einschreibebriefe und geht.

DEUTELMOSER … oder spätestens morgen. *Ordnet seinen Schreibtisch.* Und a bissl mehr Schlagrahm! – Ah, is er scho weg.

WAGUSCHEIT　*rennt zur Tür und ruft dem Boten nach* Herr Smrch, a bissl mehr Schlagrahm wie gestern!

DEUTELMOSER　*ordnet seine Mappe* Ah, Fräun Waguscheit, die Akte Reitmoser-Schwöpf, is die schon wieder zurück?

WAGUSCHEIT　Aber Herr Deutelmoser, die hab ich doch scho vorige Woch losgschickt. Ich hab sogar noch an Vermerk »Dringend« draufgschriebn.

DEUTELMOSER　War er scho beim Brchemisl? *Nimmt Bildzeitung aus der Mappe, liest.*

WAGUSCHEIT　Müaßad i amal nachfragn. Moment. *Nimmt Telefonhörer, wählt* – Ja, Grüß Gott. Fräun Baaz, Waguscheit, könnt ich bittschön an Herrn Brchemisl haben?
Ein jüngeres Subjekt betritt den Raum ohne anzuklopfen.

DEUTELMOSER　*blickt hoch* So hamma's gern. *Liest weiter.*

WAGUSCHEIT　Wie lang is er noch in Kur? – Ich fahr jetzt dann auch a paar Tag weg. Ich bin ja so erledigt. – So, Sie san grad kemma, wo warn S' denn? – Ja, sehr schön, des glaub ich. *Kichert.* – Aber, Fräun Baaz, wegen de Akte Reitmoser-Schwöpf, es wär halt schön gwesen, wenn mir's noch nausbracht hätten, bevor der Herr Deutelmoser in Urlaub geht, weil danach kemman dann doch auch noch die Feiertag daher.

SUBJEKT　Ähm – Verzeihung, bin ich hier richtig? Ah, ich wollte wegen …

DEUTELMOSER　I hab koa Zeit. Um was handelt es sich?

SUBJEKT　Ich wollte, ah, ich müsste meine Aufenthaltsgenehmigung, ähm, die Verlängerung …

DEUTELMOSER　Warn S' denn schon in Zimmer 237 A?

SUBJEKT　Wieso?

DEUTELMOSER　Ja, dann gehnga S' zerscht mal ins Zimmer 237 A, holen S' Eahna die Anträge ab, mit de Anträge gehnga S' ins Zimmer 14 und lassen S' sich bestätigen, nacbert gehnga S' abi zur Kasse, und nacbert schauma weiter.

SUBJEKT　Zimmer 14? *Wartet. Deutelmoser liest wieder.*

WAGUSCHEIT　Ja, ich probier's dann beim Dr. Berzelmeier. – Ah, Fräun Baaz, mal was anders, war der übrigens vorgestern beim Betriebsabend dabei? Ham Sie da was ghört?

DEUTELMOSER　237 A, 14 Bestätigung, Kasse und dann »huit« … *Deutet »hierher« an, liest wieder.*

SUBJEKT   Ah … *Steht noch eine Weile da und geht dann ab.*

WAGUSCHEIT   So, na soll er da gwesen sein? Weil die Fräun
Weithas, die sitzt auf 409 im Vorzimmer von der Frau Löffler,
die hat behauptet, dass er net kemma wär. – Der Dr. Berzelmeier. – So, na war er an der Bar? – Also, ich probier's dann
amal. – Ja, danke, Ihnen auch – und a schöns Wochenende.
Also, Wiederschaugn. *Es klopft.*

DEUTELMOSER   Ja?

HÄGÄDÜSCH   *betritt vornehmschüchtern, nicht ganz devot, das
Büro* Guten Tag, mein Namä is Hägädüsch, Balasch Hägä-
düsch, heißt auf deitsch Geiger Blasius. Ja, schön, ich brauchä
Nachweis wägen Deitschstämmigkeit, die in meinem Fall un-
bästritten vorliegt, wissän Sie, meinä Urgroßtantä stammt aus
Böblingen, ist angesiedelt worden in Weißkirchen, Banat,
und zu Hausä wir haben nur deitsche Lieder gäsungen, am
Brunnän vor däm Torä und so weitär …

DEUTELMOSER   San Sie jetz ein Flüchtling oder a volksdeutscher Einwanderer, also a Umsiedler, oder san S' a Dissident?

WAGUSCHEIT   Ah, Herr Deutelmoser, es hat gheißen, de Akte
Reitmoser-Schwöpf sei beim Dr. Berzelmeier, da rührt sich
aber niemand.

DEUTELMOSER   Vielleicht is er krank. Oder er is früher gangen, oder er is noch zu Tisch. Probiern S' es halt amal wieder.

HÄGÄDÜSCH   Wissen Sie, ich kann bälägän, dass ich hobä auch
gearbeitet als Koch bei Wehrmacht fir deitsche Offiziere. Tan-
tes Namä Elfriede Läpple gäwäsän. Gestorben 1903 in Prag.

DEUTELMOSER   Ah, Fräun Waguscheit, was macht 'n der Kaffee? *Kramt in seiner Mappe.*

WAGUSCHEIT   Na ja, an Moment dauert's noch.

HÄGÄDÜSCH   Bittä schön, Grobstein in Prag hatte deitsche
Inschrift mit gotischän Buchstabän.

DEUTELMOSER   Herrgottsakrament, wo is denn des Dessert?!
Allweil vergisst's mein Nachspeiserl. Wenn ich meinen Dienst
so tätigen würde wie meine Frau den Haushalt, wie die den
Haushalt schmeißt, dann würde der Steuerzahler spitzen.

WAGUSCHEIT   Sie können von mir was haben. Mögn S' a
Schweinsohr?

DEUTELMOSER   Ja, nachert, wenn der Schlagrahm kimmt.

HÄGÄDÜSCH   Urgroßtantä hatte einä Schwester Aniko, und Tochter von ihr lebtä mit Mann in Badagonni.

DEUTELMOSER   Moment amal.

HÄGÄDÜSCH   Bolschäwiken alläs wäggänommän.

DEUTELMOSER   Existiert da eine Akte?

HÄGÄDÜSCH   Russen hobän alläs vernichtät.

DEUTELMOSER   Ja, dann muss ma, glaub ich, erst amal an Akt anlegen. Fräun Waguscheit, bringen S' amal an Leitz. – Ja, was wir hier leisten, des geht auf keine Kuhhaut.

HÄGÄDÜSCH   No, das glaub ich Ihnän.

DEUTELMOSER   Weil wenn wir net dawärn, müaßadn de ganzen Ausländer ohne irgendeine Genehmigung hier einfach frei herumlaufen, und das wäre doch eine Schlamperei, die wo seinesgleichen sucht.

HÄGÄDÜSCH   Wenn man bädänkt, wie vielä Ausländär äs gibt.

DEUTELMOSER   Genau genommen sans ja alles Ausländer, nur der Deutsche nicht, und sogar da gibt es Grenzfälle.

HÄGÄDÜSCH   Ich bin Deitscher, Volksdeitscher, das kann ich bäweisän.

WAGUSCHEIT   Da, der Leitz.

DEUTELMOSER   Ja, haben Sie irgendwelche Papiere? – Ausweise, Belege?

HÄGÄDÜSCH   Kännän Sie Major von Haßlitz. Wohnt jetzt in der Nähä von Salzburg. Er kann Ihnen bästätigän, dass ich bei Währmacht gäkocht habe fir deitsche Offiziere.

DEUTELMOSER   Ja, san Sie jetz a Volksdeutscher, a Flüchtling oder ein Dissident?

HÄGÄDÜSCH   Außärdäm hörän Sie ja an meinär Sprachä, dass ich Deitscher bin.

DEUTELMOSER   Sie, Sie wern's jetzt nicht für möglich halten, wie viele Ausländer es gibt …

HÄGÄDÜSCH   Ich bin deitsch.

DEUTELMOSER   … die wo kein anständigs Deutsch sprechen. Ja, mir haben's doch auch lernen müssen, und spreche ich heute noch ein fließendes Deutsch.

HÄGÄDÜSCH   Und vor alläm Grammatik, da muss man Wert darauf lägän, darin liegt deitsche Präzision.

Herr Smrch, der Bote, kommt mit dem Schlagrahm und einem Aktenordner.

DEUTELMOSER   Und da weiß dann der Ausländer sofort, woher der Wind pfeift.

Der Bote stellt Schlagrahm und Ordner auf Deutelmosers Tisch.

HÄGÄDÜSCH   Weil gutäs Deitsch, das jämand, ist wie, könntä man sagän, wenn einär, dass man hat einä Rickändäckung fir ganzes Läbän.

Bote reicht Schlagrahm.

DEUTELMOSER   Da dean S' 'n her. Ah, Fräun Waguscheit, da Schlagrahm waar jetz da.

WAGUSCHEIT   I kimm scho. *Waguscheit kommt mit Tablett voll Geschirr und Kaffeekanne, serviert.*

HÄGÄDÜSCH   Gutän Appätit.

DEUTELMOSER   Ja, dankschön, a kleins Pauserl ham mir uns schon verdient. *Beißt in das Schweineohr.*

HÄGÄDÜSCH   Major von Haßlitz hat auch immär gägässen Schweinsohr. Zum Frühstück bäreits. Abär ab Oktober 44 wurd es immär unmöglichär. Major von Haßlitz wohnt jetzt in där Gägänd von Salzburg. Er hat auch sämtliche Gütär im Osten aufgägäbän. – In Salzburg gibt äs natürlich wiedär ausgäzeichnetäs Gebäck, abär in Russland 44, sag ich Ihnen, war das sähr problematisch mit Schweinsohr. – Und, sagä ich Ihnän, Russe värstäht von Gebäckwaren übärhaupt nichts. Blätterteig könnän Sie nirgendwo anträffän.

WAGUSCHEIT   Mei, de armen Leut. A geh.

DEUTELMOSER   *kauend* Man redt ja auch nur von am deutschen Geist. Von am ausländischen Geist hat ma ja noch nie was ghört.

WAGUSCHEIT   Schmeckt's?

HÄGÄDÜSCH   Und, sag ich Ihnän noch eins, wänn där Deitsche Geldhahn zudräht, ist das Ausland ärlädigt.

WAGUSCHEIT   Geh, na kamadn ja no mehr Ausländer.

DEUTELMOSER   Drum zahln mir ja, dass der Ausländer im Ausland bleibt.

SMRCH   Genau. *Stellt seine Kaffeetasse ab, geht kauend in Richtung Ausgang.*

DEUTELMOSER   *sieht ihm nach, nimmt den Akt, den der Bote*

gebracht hat, ruft Herr Smrch, da, den könnan S' wieder mitnehmen.

SMRCH   Wohin?

DEUTELMOSER   Ja, vielleicht auf 219, zum Herrn Gallenberger zum Beispiel …

SMRCH   Der ist in Kur.

DEUTELMOSER   So. Nachert bringen S' es auf 321 zum Dr. Berzelmeier.

Der Bote nickt und geht ab.

Um das aber finanzieren zu können, dass der Ausländer im Ausland bleibt, müaßn mir natürlich noch mehr Ausländer hereinnehmen, und darin liegt das Problem.

Waguscheit verschanzt sich hinter zwei Aktenordnern, die auf ihrem Schreibtisch stehen. Sie frisst Sahnetorte, Kuchen, Schlagrahm, Pralinen und dergleichen. Das Telefon läutet, wird ignoriert.

Fräun Waguscheit, is da a Süßstoff drin?

WAGUSCHEIT   Zwoa Stück, wie immer.

HÄGÄDÜSCH   Sie missen wirklich äntschuldigän, dass ich Sie hier molästiere, und ich wäre iberhaupt nicht gäkommän, aber gäzwungänärmaßän, Sie missen wissän, ein Mann ohne Pension ist ein Mann ohne Zukunft, und deshalb benätigä ich Deitschstämmigkeitsnachweis.

DEUTELMOSER   *beißt in sein Schweineohr* Warum san Sie jetz eigentlich net drüben blieben?

HÄGÄDÜSCH   No, Russen, Bolschäwikän und diese Prolätän habän alles mitgänommän nach dem Zusammenbruch. Die deitsche Armee hät äntscheidendä Fählär gämacht.

DEUTELMOSER   I woaß scho, die ME 202 hättens ganz anders einsetzen müssen.

HÄGÄDÜSCH   Beispielsweisä. Abär auch bei Nachschub hat äs gähapärt. Kann ich bestätigän, weil habä gäkocht fir deitsche Offiziersstab. War sähr schwierig, anständigä Menü zusammänzuställän. Ab Oktober 44 war für uns Deitsche schwierigä Situation – nahrungsmäßig.

DEUTELMOSER   Wem sagen Sie das. Mir ham heut noch an den Folgen zu knuspern hier im Amt. Was glauben Sie, was da los is, da herin. Weil, mir müaßen's ja ausbaden, mir müaßen's ja allen recht machen. Wissen S', a Demokratie is ja recht und schön, ich bin ein entschiedener Demokrat, nebenbei bemerkt, aber wenn ma sieht, was heutzutag alles vom Staat kassiert, des san zum Teil Leut, de wo s' vor vierzig Jahr no vergast hätten, als Schädlinge, heut kriegens a Pension. So schaugt's aus.

HÄGÄDÜSCH   So weit sind wir gäkommän mit Libäralismus in Deitschland. Staat lässt sich alles gäfallän von Bolschäwisten, Anarchistän, Pazifistän und diesä Juso. Staat schaut einfach zu.

Das Telefon läutet.

DEUTELMOSER   O mei, de Jusos, de habn's nötig.

WAGUSCHEIT   *hebt ab* Waguscheit. – Ja. – Der Herr Deutelmoser?

Deutelmoser winkt ab.

Der Herr Deutelmoser is in einer wichtigen Besprechung. – Naa, morgen geht's aa net, weil da is ein Arbeitsessen.

HÄGÄDÜSCH   Härr Deitelmosär, Dämokratie muss gälärnt sein.

WAGUSCHEIT   O mei, da schaugt's schlecht aus. – Ja, probieren können S' es schon. Sie könnten's natürlich auch beim Dr. Berzelmeier versuchen. Wenn er net grad zu Tisch is oder sonstwie verhindert.

HÄGÄDÜSCH   Wissän Sie, diesä Bolschäwiken verstähn von Dämokratie ibärhaupt nichts.

WAGUSCHEIT   Ja, versuchen S' es da. Wiederschaugn.

DEUTELMOSER   Geh, Fräun Waguscheit, ah … *Winkt nach einer Tasse Kaffee.*

WAGUSCHEIT   An Schlotfeger hab i no übrig. Mögn S' 'n?

DEUTELMOSER   Ija, dean S' 'n her, wenn's sei muaß. Dankschön.

HÄGÄDÜSCH   Bolschäwikän sind Barbarän, hätte man schon bei Tolstoi nachlesän können.

DEUTELMOSER   Sie san also, so wie ich des seh, doch mehr a Dissident.

HÄGÄDÜSCH   Gott bäwahrä, ich bin Volksdeitscher, Balasch Hägädüsch, heißt auf deitsch Geiger Blasius. Es geht um meinä Pensionsbärächtigung.

DEUTELMOSER   Aha. Wissen Sie, weil der Pazifismus, der

bricht uns das Kreuz. Obwohl, der Pazifismus is ja gar kei deutsche Idee, der kimmt ja von Asien. Und da habens aa Kriege gführt.

HÄGÄDÜSCH Sähr richtig bämärkt. Jädä Friedänssituation basiert immär auf Gleichgewicht von Militär. Das weiß der Russe ganz gänau. In Russland wärdän Pazifistän sofort eingäkärkärt. Mit Rächt. Pazifismus hat noch nie Kriege värhindärt. Können Sie mir irgendeinen Pazifistän nännän, der wo Kriege värhindärt hat? No?

DEUTELMOSER Wissen Sie, unsere Demokratie is ja viel zu schlapp.

HÄGÄDÜSCH Ma muss Grundwärtä, was man hat, värteidigän.

DEUTELMOSER A Demokratie, die wo sich net wehrt, is's net wert, dass ma s' überhaupt verteidigt.

HÄGÄDÜSCH Das sag ich Ihnän ja, einä Diktatur värteidigt bässär.

DEUTELMOSER Ja, weil net a jeder neischnabeln derf, wia bei uns.

HÄGÄDÜSCH Hitlär is auch nur kaputtgägangän, weil är hattä zu vielä Bäratär.

DEUTELMOSER Ja, de Generäle. I glaub, wenn er alloa gwesen waar, hätt er 'n vielleicht gwonna.

HÄGÄDÜSCH Dann sähä äs heutä andärs aus in Europa.

DEUTELMOSER Er hat sich halt zuviel aufs Ausland verlassen. Mit de Italiener hätt er sich net eilassn derfn.

HÄGÄDÜSCH War großer Fählär, abär war nicht alläs värkährt bei Hitlär. Schauen Sie: Todesstrafä, Arbeitslagär, heutä spottät man daribär. Muss ich Sie fragän, wohär kommt das?

DEUTELMOSER Jedenfalls nicht von ungefähr.

Subjekt erscheint wieder.

HÄGÄDÜSCH Das hattä alläs seinen Sinn. Zukunft war damals jädänfalls gäsichärt.

WAGUSCHEIT *beginnt zusammenzuräumen* Trinken S' des noch, Herr Deutelmoser?

DEUTELMOSER Nehmen S' 's mit.

HÄGÄDÜSCH Was ich noch sagän wolltä …

WAGUSCHEIT Sie … *Deutet auf die Uhr, die kurz vor 15 Uhr anzeigt.* … Es is fei …

DEUTELMOSER   I woaß scho. Ja, also, Herr … ah …

HÄGÄDÜSCH   Hägädüsch …

DEUTELMOSER   … Hägädüsch, ich werd schaun, was in meiner Macht steht. Irgendwas Offizielles bräucht ich natürlich schon.

HÄGÄDÜSCH   Wohär soll ich nähmän …

Das Telefon läutet.

DEUTELMOSER   Ich versteh schon. Notfalls machma halt a kleine eidesstattliche Erklärung.

HÄGÄDÜSCH   Sähr gut.

DEUTELMOSER   Die müaßadn S' nachert noch amtlich beglaubigen lassen, und ich kenn Sie ja jetzt auch. *Hebt Hörer ab.* Ja, Deutelmoser. – Augenblick. *Legt den Hörer auf den Tisch.* Also …

HÄGÄDÜSCH   Herr Deitelmosär, hat mich sähr gäfreut, weil habä ich in Ihnän interässantä Mänschän kännängälärnt mit värnünftigän Ansichtän.

DEUTELMOSER   Na ja …

HÄGÄDÜSCH   Glaubän Sie mir, heitzutagä ist schwierig, dass Sie offen rädän könnän. Überall Bolschäwiken.

DEUTELMOSER   Schon auch, aber de Pazifisten und de Juso, des is des, was unsern Staat hier kaputtmacht.

HÄGÄDÜSCH   Leutä wie Sie und ich missen zusammänhaltän.

DEUTELMOSER   Mir passn scho auf. Also dann, verbleiben mir so, wie besprochen.

HÄGÄDÜSCH   Värstähä, machän wir alläs eidesstattlich.

DEUTELMOSER   … und beglaubigt.

HÄGÄDÜSCH   Habä Major von Haßlitz als Zeige, und nötigänfalls kännän Sie mich auch.

DEUTELMOSER   Ja, Wiederschaun, ich muss jetzt weitermachen. *Hebt Hörer auf.* An kleinen Moment noch. *Legt Hörer wieder hin.*

HÄGÄDÜSCH   Kiss die Hand, gnä' Frau. Wiedärsähn, Herr Deitelmosär. *Geht.*

WAGUSCHEIT   Ah, Wiederschaugn. *Spült ab und räumt auf.* Ein sehr gebildeter Herr …

SUBJEKT   Verzeihung, da kann was nicht stimmen. In Zimmer 237 A war gar niemand da, und die Dame von Zimmer 14 sagte mir, ich müsste zuerst zu Ihnen.

DEUTELMOSER   Ah, Fräun Waguscheit, wer war denn der Anruf da vorhin?

WAGUSCHEIT   Ich weiß nimmer, wie er gheißn hat, so ein Herr war's jedenfalls. Er hat gmeint, er müaßad Sie sprechen, aber ich glaub, er hat sich net so recht auskennt.

DEUTELMOSER   Aber uns ständig belästigen, des mögn mir.

WAGUSCHEIT   Ich hab ihn an Dr. Berzelmeier verwiesen.

DEUTELMOSER   *packt seine Mappe zusammen* So, ich hab gmeint, der is da gar nimmer zuständig.

WAGUSCHEIT   D' Fräun Weithas hat des aa behauptet, aber d' Frau Löffler hat gsagt, dass er beim Betriebsabend an der Bar gsehn worden ist.

DEUTELMOSER   Wer?

WAGUSCHEIT   Der Dr. Berzelmeier.

DEUTELMOSER   Aber der is doch jetzt im Außendienst, hat's gheißen.

SUBJEKT   Verzeihung, was ist denn hier, ah, ich …

WAGUSCHEIT   Des hat's letztes Jahr aa scho gheißen …

DEUTELMOSER   *hebt den Hörer auf* Ja, hallo, Deutelmoser?

WAGUSCHEIT   … aber beim Betriebsabend war nur der Innendienst, der gesamte dritte Stock quasi, und da is er an der Bar gsessn.

DEUTELMOSER   Moment, ich verbinde. *Stellt Telefon durch, hängt ein und stöhnt.* Oje, zuageh duat's heit wieder.

WAGUSCHEIT   Ja, ich bin auch ganz derschossen, Gott sei Dank fahr ich jetzt in Urlaub.

DEUTELMOSER   Bei mir werd's aa Zeit. Wo fahrn S' 'n hin?

WAGUSCHEIT   Ins Grödnertal, wie jeds Jahr. Da is's herrlich.

DEUTELMOSER   Aha, Marmolata, bergstein.

WAGUSCHEIT   Ja, vielleicht a bissl, aber eigentlich mehr so.

DEUTELMOSER   Na, wünsch ich Ihnen was. *Schließt seine Mappe.*

WAGUSCHEIT   Ja, dankschön, also, Wiederschaugn, Herr Deutelmoser. *Nimmt ihre Handtasche und geht.*

DEUTELMOSER   Ja, pfüat Eahna Gott.

SUBJEKT   Hallo, Sie, ah …

DEUTELMOSER   Seit wann heißen mir Hallo?

SUBJEKT   Verzeihung, ich komme doch nur, es ist wegen meinem Aufenthaltsgenehmigungsverlängerungsantrag.

DEUTELMOSER   Wissen Sie, was für a Jahr mir heuer schreiben?

SUBJEKT   1988. Wieso?

DEUTELMOSER   Aha, und was für an Monat ham mir jetzt?

SUBJEKT   Mai.

DEUTELMOSER   Guat, des woaß er, und was für ein Tag?

SUBJEKT   Mittwoch.

DEUTELMOSER   Bravo, er is net blöd. Da, kommen S' amal
mit.

Deutelmoser führt Subjekt zum Büroschild am Eingang.

Da, kenna S' lesn?

SUBJEKT   *liest* Schalterstunden: Mo. Mi. u. Fr. 9.30 – 11 und
14 – 15 Uhr.

DEUTELMOSER   Und jetzt schaugn S' amal.

*Deutelmoser deutet auf die Bürouhr, die 15.00 Uhr anzeigt, geht,
nimmt seine Mappe, klimpert mit dem Schlüsselbund und schiebt
das Subjekt zum Ausgang.*

Schutzengel

Auf einem Parkstreifen der Interzonenautobahn steht ein Trabant. Die Motorhaube ist geöffnet, ein schmächtiger Herr ist leicht ratlos über den Motor gebeugt. Ein Mercedes 450, rot metallic, rollt auf den Parkstreifen, Hupsi und Berti, zwei dynamische Westmenschen, steigen aus.

HUPSI   Also, des muaß i mir doch amal zu Gemüte führen, Meister. Des is jetz scho der sechzehnte Schrotthaufen do bei eich auf der Interzonenstrecke, da muaß i scho amal schaugn, verstehst, Meister, scho rein aus fachlichem Interesse. Zoag amal, geh weiter, lass mi neischaugn. *Schaut in die Motorhaube, bricht in schallendes Gelächter aus.* Hahaha, ja Wahnsinn, Berti! Berti, schaug her, da, des muaßt da oschaugn. So was Windigs hast no net gsehgn.

BERTI   *schaut in die Motorhaube, bricht ebenfalls in Gelächter aus* Hahaha, des ghört ja in a Museum, aber net auf d' Autobahn. Ja, so ein Scheiß …

HUPSI   Sag amal, Mann, mit dem Spirituskocher fahrst du da aso durch die Gegend? Wie bist 'n du überhaupts bis da herkemman, Meister?

HERR   Bitte, sparen Sie sich Ihre dummen Bemerkungen.

HUPSI   Magst amal Auto fahrn, Meister? Geh weiter, steig amal in mein Karrn, dass d' woaßt, was a Auto is.

BERTI   Hupsi, was is'n da der Motor?

HUPSI   Hast du Motor gsagt? I hätt gmoant, Pedale. Hahaha …

BERTI   De brauchan koan autofreien Sonntag, weil de ham ja koane Autos. Hahaha …

HUPSI   Naa, jetz amal im Ernst, Meister, kann i dir irgenwie behilflich sei? Woaßt, abschleppn trau i ma net, sonst hebst ab, und du hast doch koan Flugschein, oder? Aber woaßt, vielleicht bringma des Seifnkistl wieder zum Blasn. Du bist doch sicher zfriedn, wenn er sich irgendwie wieder bewegt, wenn er töfftöff macht, oder?

BERTI   Hupsi, schaug dir diese Heizbirne an! Hahaha …

HERR   Geben Sie mir meine Zündkerze wieder.

HUPSI   Wennst mi fragst, Chef, is des a Heizbirne, aber keine
Angst, Meister, da hast deine Innereien. Schaug, mir wolln dir
doch bloß helfn. Berti, geh weiter, dreh ma 'n amal um. *Hebt
den Trabant an, hat die Stoßstange in der Hand*
Ja, was is des ...

HERR   He, Sie, ich verbitte mir das! Lassen Sie meinen Wagen in
Ruhe!

HUPSI   Berti, geh weiter, hol an Tesafilm! Tuat ma leid, guata
Mo. Aber woaßt, Meister, amal ganz unter uns, von Motorist
zu Motorist, mit so was fahrt ma doch net auf der Straß um-
anand. Des konnst bei dir dahoam im Garten aufstelln als a
Antiquität oder moderne Plastik.

HERR   Wie soll ich das jetzt wieder in Ordnung kriegen?! *Hebt
erbost die Stoßstange auf.*

HUPSI   Da, schau her, Meister, i hab was für dich. Da hast an
Kaugummi, den konnst kauen oder als Dichtung hernehma
oder dei Stoßstanga pappn, und da hast ein Original-Taschen-
messer. Da konnst nachert ois repariern an deim Kübel, und,
da, schau her, da is sogar no a Büchsenöffner dran. Also,
wennst unterwegs bist, kannst dir a Konserve aufmachn, dann
brauchst net verhungern. Also, hab d' Ehre, Meister, und halt
de Ohren steif ...

Hupsi und Berti steigen in ihren Mercedes und brausen davon.

Zoll hat Zukunft

Eine Zollstation. Udo Prims und Alfons Waschke fertigen ab. Ein Pkw fährt vor.

PRIMS Guten Tag. Haben Sie irgend etwas zu verzollen? Zigarette, Spirituosen, Elektroartikel oder …

BRASCH Nicht, dass ich wüsste.

WASCHKE Is guat, fahrn S' weiter.

PRIMS Nein, halt, Moment, noch 'n Augenblick, was is 'n das hier bitte hier?

BRASCH Das is 'n Koffer mit schmutziger Wäsche.

WASCHKE Also guat.

PRIMS Bitte öffnen Sie doch mal.

BRASCH Gut, wenn Sie meinen.

WASCHKE Nanaa, is scho okay, fahrn S' zua.

PRIMS Nein, Moment, da neben dem Koffer, dieses Möbelstück …

BRASCH Das ist ein alter Schemel.

PRIMS Ja eben. Antiquitäten sind ab einem bestimmten Wert zollpflichtig.

BRASCH Aber, das hier ist doch …

WASCHKE Also guat, fahrn S' weiter.

BRASCH Wiedersehn.

WASCHKE Wiederschaun.

PRIMS Neinnein, halt, halt, nein, stopp hier, Moment, hiergeblieben. Das ist 'ne Antiquität. Das muss erst geprüft werden.

WASCHKE Des is doch koa Antiquität, des is a oids Glump.

PRIMS Wo haben Sie den Schemel her?

BRASCH Ein Geschenk aus der Verwandtschaft.

PRIMS Ah so, also ein altes Erbstück.

BRASCH Nein, ich brauch's halt zum was Abstellen.

WASCHKE Also, Herr Prims, wenn S' mi fragn, is's a oids Glump. Aber des wern mir jetz glei feststelln. Ham S' an Katalog da? *Zu Brasch* Dean S' 'n gschwind aus'm Wagn, des wernma glei ham. 's lässt sich ja leicht feststelln.

BRASCH   *stöhnt* Herrschaft.

WASCHKE   Ja, leider. Des is in manchen Fällen so a Ermessens-
sache. Aber des is ois genau geregelt.

PRIMS   *blättert im Katalog* Das könnte 'n Jugendstil sein.

BRASCH   Des is doch kein Jugendstil. Dean S' amal an Katalog
her. Wernma glei ham. So, da ham mir 'n. Jugenstil – naa!

PRIMS   Oder Biedermeier.

WASCHKE   San S' stad, des ham mir glei. Beine – Biedermeier –
naa, äh, vier Beine, Allgemeinzustand gut. *Schnauft* Do, vielleicht Empire.

BRASCH   *lacht gequält* Empire, haha.

WASCHKE   Da brauchan S' gar net lacha, i glab aa, dass's a alts
Glump is, aber wenn der Herr Prims meint, dass's a Antiquität
is, na muaß ma dera Sach nachgehn.

PRIMS   Dieses Möbel hat 'nen Stil, das sieht man doch.

WASCHKE   Ja mei, mit'n Katalog geht da gar nix. Rufen S' doch
amal gschwind an König in Scharnitz an. *Zu Brasch* Des
dauert jetz an Moment, aber des wernma glei ham.

BRASCH   Das hör ich jetzt schon zum wiederholten Mal.

PRIMS   *am Telefon* Herrn Hauptwachtmeister König, bitte!

WASCHKE   Hättn S' halt a Expertise dabeighabt, na waar de
Sache gleich ausgstandn.

BRASCH   Für so 'n alten Hocker? Ich glaube, mein Schwein
pfeift! Wo sind wir denn?

PRIMS   Ja, Herr König, hier haben wir eine Antiquität ungeklär-
ter Herkunft.

WASCHKE   Dean S' 'n her! *Nimmt Prims den Hörer weg.*

PRIMS   He, Moment!

WASCHKE   Scho recht. – Du Franz, mir ham da so an oidn – i
dad sagn Schemel oder 'n Hocker oder so. Koa Wurm drin,
naa, siehgt ma nix. Vier Fiaß, ja – mehr so gedrechselt und
dann wieder grad und – naa, Jugendstil glab i net, naa – ham
mir scho im Katalog … Ah was? Gotisch? Moment, i schaug
amal. *Blättert wieder im Katalog.*

PRIMS   Ja, gotisch!

BRASCH   *lacht hysterisch* Gotisch, ha.

WASCHKE   Ja, naa, koa Polster. Er hat – Barock glab i net, naa –
koa Gold un' nix. Ja, braun. Im Grund a oider Hocker halt,

wia bei mir dahoam in der Kuchl, woaßt scho – wo der Fernseher draufsteht. So was, aber scho oid. Naa, der Prims moant
halt grod, weil's so unauffällig is, kannt's halt wertvoll sei.

PRIMS   Vielleicht 'ne gemischte Stilrichtung?

WASCHKE   Ja, der Prims meint, ma kann's net gscheit einord-
nen. *Zu Brasch* Für was wolln S' 'n?

BRASCH   Das is 'n Hocker.

WASCHKE   Na, und was wolln S' damit?

BRASCH   Stell ich mir in die Küche. Vielleicht stell ich 'n Fernseher drauf oder irgendwas.

WASCHKE   Er sagt, er wui aa an Fernseher draufstelln.

PRIMS   Das ist doch 'ne Schutzbehauptung.

BRASCH   Ach Sie, Sie, seien doch Sie still, Sie haben doch keine
Ahnung.

WASCHKE   Des Jahrhundert? – Mei, schwierig. Ja, gell, i hab's
ma's glei denkt, am Telefon ist des schwierig. Woaßt wos? I
schick dir 'n gschwind vorbei. Pfüati derweil. Servus, Franz.
Zu Brasch So, ja – leider können wir jetzt hier da gar nichts
mehr, da müssen Sie am Hauptzollamt Mittenwald/Scharnitz
vorbeifahrn, weil da sitzt unser Experte für Antiquitäten.

BRASCH   Scharnitz – wie komm ich denn da hin?

WASCHKE   Mei, wenn ich Sie jetz rüberlassn könnt, na waar's
ganz einfach. Aber i derf ja net. Jetz müssen S' praktisch bei
uns im Land über hinfahrn, da müssen S' um den ganzen Berg
da rumfahrn, um des ganze Gebirgsmassiv, also, i schätz, in
guat zwoa Stundn kenna S' es packn. Wenn der Verkehr einigermaßen … Hauptzollwachtmeister König heißt der Experte. Der stellt dann fest, ob's tatsächlich a Antiquität is oder
sein könnte oder – verstehn Sie?

BRASCH   *lacht hysterisch, kriegt einen Wutanfall und zertrümmert
den Schemel* Wissen Sie was? Diese Antiquität können Sie
behalten. So was ist mir in meinem ganzen Leben noch nicht
vorgekommen, das ist Waaahnsinn. Ich habe doch hier meine
Zeit nicht gestohlen. Wahnsinn. Wa… Wa… *Drischt auf die
Reste ein.*

WASCHKE   Was is 'n? Was ham S' denn?

PRIMS   Was hat er denn?

WASCHKE   Ich woaß net, was er hat. Jetzt draht er durch.

BRASCH   Sie hörn von mir. *Droht und fährt wütend weg.*

WASCHKE   Dean S' es auf d' Seitn.

PRIMS   Ja, aber, des is doch …

WASCHKE   Ah, dean S' es weg, des oide Glump.

PRIMS   Schade um diese Antiquität.

WASCHKE   Ah geh, Herr Prims – Antiquität! I sog Eahna was – sogar wenn's eine Antiquität gewesen wäre, waar's für mi trotzdem a oids Glump. Dean S' es weg

ÄUSSERES

Alles über Griechenland

Karl A. Sotbrenner rekapituliert.

Der Sonnenschirm für circa vierhundert Drachmen, jederzeit zu haben, das Essen, Wiener Schnitzel mit Pommes und Salat, um die circa achthundert Drachmen, nicht wahr, Fleischqualität, da muss man natürlich Abstriche machen, aber ein Mückenspray in einer Apotheke, auch um die vierhundert Drachmen zu haben, durchaus gute Qualität, aber nette Leute, das Publikum, nicht wahr, so 'n Mercedeshändler aus Worms, also, sehr angenehm, gleich zur Linken: Pizzeria, wo man alles haben kann, nicht wahr, Pizza mit allen Schikanen, um die zwei- bis dreihundert Drachmen zu haben bereits, drüben, gleich zur Rechten, noch mal Pizzeria, wird von einer original Berlinerin geführt, sehr sauber alles, auch um die fünfhundert Drachmen, zum Strand sind es fünfhundert Meter circa, mit allem Pipapo, Gummiboote und was man so hat, unter der Autobahn durch, dann über die Eisenbahn, Strand – hm, ja hm –, Meer wunderbar, Wolken, nicht wahr, Himmel azur, durchaus gebräunt zurück, nicht wahr, Saloniki-Olching fünfunddreißig Stunden bei nur viermaligem Tanken, ohne, also, in Nonstop schon zu Hause.

Alles über Spanien

Karl A. Sotbrenner resümiert.

Der Sonnenschirm in Calella jederzeit um die circa vierhundert-fünfundsiebzig Pesetas, also Peseten, Pesetas, wie man dort sagt, zu haben, das sind, nicht, so um die acht Mark, also, je nachdem, wo man einwechselt, es gibt ja auch Ganoven, nicht wahr, und das Essen, nicht wahr, Wiener Schnitzel, na ja, da muss man auch so um die acht-, neunhundert Pesetas hinlegen, aber alles da, mit Pommes und so weiter, mit Salat, ordentlich durchaus, das Haus wird von einer Deutschen geführt, deshalb kann man auch 'ne Pizza bekommen, mit allem, das ist auch preislich, nicht wahr, so um die sechshundert Pesetas zu haben, auf der rechten Seite ist auch 'ne Pizzeria, ersatzweise auch 'ne Paella zu haben, so auch um die fünfhundert Peseten, Möglichkeit zum Stierkampf haben wir nicht wahrgenommen, wegen dieser Hitze, nicht wahr, aber man kann den Strand in circa vier-, fünfhundert Metern erreichen, da muss man mit dem Gummiboot und so, geht man durch 'ne Autobahn und dann über so 'ne Eisenbahnstrecke rüber, das Meer, nicht wahr, azurblau, sauber alles, nicht wahr, ham da nette Menschen, nicht wahr, da warn Toyotahändler aus Bad Schwert-heim, also, sehr freundliche Leute, wir sind dann doch in zwound-zwanzig Stunden bei nur zwomaligem Tanken durch, radebutz, Frankreich haben wir ohne Aufenthalt durchgeschafft, nicht wahr, und damit gut gebräunt von Calella in Olching angekommen, ich hatte diesmal Bestzeit, unser Nachbar, der diesmal mit war, der hat 'ne Stunde länger gebraucht, aber der hat sich noch Avignon angesehen.

Alles über Jugoslawien

Karl A. Sotbrenner reflektiert.

Auf der Insel Krk ist der Sonnenschirm circa um die, ja, achthundertfünfzig Dinare zu haben, das sind zehn sechzig ziemlich genau, in Deutschland bereits eingewechselt, das Essen, ja, würd ich sagen, Wiener Schnitzel mit Pommes ist auch um die neunhundert Dinar zu haben, Personal etwas unzu... also muffig, nicht wahr, durchaus muffig, Beschwerden haben im Sozialismus wenig Sinn, sonst muss ich sagen, tja, das Meer, wir haben wenig gebadet, diese Nackedeiströnde sind auch nichts für uns, zur Linken, zwohundet Meter circa, ist so eine Pizzeria, da konnte man ersatzweise mal was zu sich nehmen, auf der rechten Seite, auch so vierfünfhundert Meter, war auch 'ne Pizzeria, die hat übrigens 'n Deutschstämmiger geführt, der kommt noch aus dem Banat, nicht wahr, der führt Pizza, ersatzweise auch mal was Einheimisches, wer's will, kann das essen, diese Cevapcici oder so was, sonst touristisch wenig interessant, nicht wahr, gibt zwar 'nen alten Kaiserpalast in der Nähe oder so, aber das haben wir uns diesmal nicht angetan, dafür sehr familiär, da waren auch nette Leute da, unser Nachbar, das war so 'n Audihändler aus Bad-Kleinkirchheim, sehr nette Leute das, nicht wahr, das Meer sehr sauber, sehr sauber, alles kanalisiert heute, nicht wahr, und wir sind dann mit einer wirklich tiefen Bräune nach Hause gefahren, und zwar Krk–Olching haben wir gemacht in circa dreizehn Stunden, gemacht bei einmaligem Tanken nur, ohne Aufenthalt durch Österreich ruckizucki durch, und schon waren wir also mit ganz dunklen Pigmenten zu Hause in Olching.

Alles über Frankreich

Karl A. Sotbrenner rekommandiert.

Der Sonnenschirm, nicht wahr, der Parasol, wie sie da sagen an der Côte d'Azur, an der Côte, nicht wahr, das ist ja unter vierzig Francs überhaupt nicht zu haben, nicht wahr, die langen hin, also die Burschen, nach der Abwertung, das sind immerhin noch … das sind ja fast zwanzig Mark, ich meine … Wiener Schnitzel, nicht wahr, wenn man's überhaupt bekommt, da verlangen die hundert Francs, französische Francs, nicht wahr, das muss man sich mal vorstellen, sage und schreibe hundert Francs, nicht wahr, und dann extra verlangen sie für Pommes, nicht wahr, oder mal 'n Salat, des wird extra berechnet, und auch das Publikum, was soll ich sagen, ich war … da war, an unserem Tisch saß immer ein Autohändler, so ein Peugeothändler aus Lyon, aber der sprach nur Französisch, dann hat er's spanisch und englisch versucht, aber das ist ja zwecklos, nicht wahr, und ja … am Strand da gab's eine Art Pizzeria, nicht wahr, aber die hat so ein Algerier geführt, dann auch dort die Preise, auf der anderen Seite war auch 'ne Pizzeria, da hatten sie auch so 'ne Quiche, nicht wahr, aber da verlangen die pro Stück zwanzig, dreißig Francs, nicht wahr, das ist ja überhaupt nicht zu machen, ein Cola, das kann ich mir beim Juwelier kaufen, und, nun ja, unterbringungsmäßig, die Betten durchaus im deutschen Stil, so ikeaartig, zum Strand, nun gut, das waren dreihundert Meter, da musste man so durch 'ne Autobahn durch und dann über die Eisenbahnschwellen, nicht wahr, das ging, das Meer, nu ja, das ist wie immer asür, also der Urlaub war ein Erfolg, Olching-Hyères dreizehneinhalb Stunden, und braun wie die Neger.

Das Dritte-Welt-Essen

GAST 1   Fräulein!

BEDIENUNG   *von ferne* Sofort

GAST 1   Wissen Sie, unter uns gesagt – *kaut und redet auf Gast 2 ein* –, ich kämpfe um jedes Gramm. Ich war jetzt grad wieder im Urlaub da drunten, obwohl es is ja, wenn man die Sache live erlebt, verstehen Sie, also ich meine, wenn man's unmittelbar sieht, nicht so obszön wie im Fernsehen. Diese armen Schweine im Fernsehen, ich kann's nicht mehr mit anschauen, aber natürlich, so lebt man da, ma gwöhnt sich dran. Zum Wohl. Ja, wo ist denn da die Bedienung? *Ruft* Fräulein, Fräulein!

BEDIENUNG   *von ferne* Ich komm gleich.

GAST 1   Ja hoffentlich. Ich kämpfe, sag ich Ihnen. Ich hab also den ganzen Urlaub hindurch, ich hab am Tag nur viermal gegessen, immer so Kleinigkeiten. *Schmatzt.* Zum Wohl. Ja, was ist denn da? Was trinken wir? Einen Sekt? Es ist wirklich … aber diese Leute da unten, verstehen Sie, da hams nix, aber sie wollen auch nix. Da haben sie diese Kühe, nicht wahr, aber die essen die nicht. Da wimmelt's von Kühen, nicht wahr. Die hätten das beste Rindfleisch, ich mein, stellen Sie sich vor, bei uns der Zustand, man würde eine Sau heilig erklären. Da macht doch kein Mensch mit. Ja, eine heilige Sau mit Knödel, hahaha. *Die Bedienung kommt.* Da kriegn mir amal was. Danke. Sehr gut, also …

BEDIENUNG   Ja?

GAST 1   Hmhm, bringen S' uns doch bitte erst mal eine Flasche Sekt, ein Champagner.

BEDIENUNG   Ja. Derselbe wie da?

GAST 1   Dieselbe Flasche. Und dann: Haben Sie Scampi? Dann bringen Sie einmal Scampi.

GAST 2   Das möchte ich auch.

BEDIENUNG   Also zweimal Scampi.

GAST 2   Aber bitte ohne Knoblauch.

BEDIENUNG   Zweimal Scampi, einmal ohne Knoblauch.

GAST 1   Und dann bringen Sie ... ham Sie, Fräulein, ham Sie
Schlachtplatte, Fräulein?

BEDIENUNG   Ja.

GAST 1   Dann bringen S' mir danach eine Schlachtplatte, und
dann schauma weiter, gell? Ich kämpfe um jedes Gramm, wissen Sie, ich kämpfe. Zum Wohl!

GAST 2   Prost!

Der spanische Lebensretter

Otto Miez, Makler, fegt seine Gartenterrasse. Er ist bereits im Anzug, in dem er Gäste erwartet.
Marlies Miez, ebenfalls bereits im Kleid, dekoriert einen Nippesbeistelltisch.
Armando, der spanische Lebensretter, lehnt in Cordhose und Ringelpullover am Rosenspalier und raucht.
Boris, der Sohn, kommt mit einem Anliegen auf die Terrasse.

BORIS   Du, Bappa, wos is mit dem Scheck, den wost ma vasprochn hast?

OTTO   Ja, Boris, i hab jetz koa Zeit, kimmst nachher wieder.

BORIS   Aber, i brauch doch den Scheck …

MARLIES   Sei stad, hast as net ghört, was der Bappa gsagt hat?
Boris geht wieder ins Haus.
Aso ko der fei net rumlaffa, wenn de kemman. Was macht 'n des für an Eindruck.

OTTO   Mei, er hat ja nix, bei eahm is doch Wurscht, er is eh a Ausländer. Bei dene woaß ma's doch.

MARLIES   Naa, aba aso kimmt ma der net an'n Tisch. Na gibst eahm was vo deine Sachn.

OTTO   Vo mir passt eahm doch gar nix.

MARLIES   Des is mir ganz egal. Da herunt wird anständig rumglaufn, wenn ma scho wega eahm d' Leut eiladt. Jetz sagst as eahm.

OTTO   Ah – Armando, du jetz umziehen, Sakko, ja fesch, ah, wir hinauf, weil Gäste bald da.

MARLIES   Besuch!

ARMANDO   Gutt, gutt.

MARLIES   Ja, gut anziehen, Besuch, du Kavalier.

OTTO   Ja, genau, du Dschäntlmän machen. Fesch. Komm. Auf.

ARMANDO   Gutt.
Otto packt Armando und nimmt ihn mit nach oben. Es läutet.
Marlies richtet ihre Frisur und ihr Kleid vor dem Spiegel, geht zur Eingangstür.

MARLIES   *im Gehen* Ja, ja, ich komm schon. *Der Pudel bellt.* Yvette, schön brav sein! Pfui! *Hubert und Adelheid Jessike und Pudel Sascha treten ein. Allgemeines Hallo-Hallöchen. Pfui, Sascha, lass das! Yvette! Pfui, Platz! Tach, findichjaKlasse, wie-gehts usw.*

MARLIES   Ja also, kommts rein, legts ab. Ihr kennts euch doch aus. Pfui! Ja, brav, Sascha, ja wo is er denn?

ADELHEID   Gut siehste aus, Marlies, ehrlich klasse, nich wahr, Hupsi, wart ihr in Urlaub?

OTTO   Ja da is er ja, ja brav is er, ja da is er ja, der Sascha, ein alter Schlawiner.

ADELHEID   Hallo, hallöchen, Otto-Süßi, find ich ja klasse, na, Yvette, du Süße, ja lieb is sie …

OTTO   Servus, Hupsi, wie schaugt's aus?

HUBERT   Na ja, der Witterung entsprechend. Hahaha …

OTTO   Kommts rein, legts ab. Mir ham scho gwart.

ADELHEID   Sind Eberhard und Conny schon da?

OTTO   Naa, aber mir warten schon.

MARLIES   Da, des is der Armando, des is der, der wo am Otto das Leben gerettet hat.

HUBERT   Ah jaja, Tach.

ADELHEID   Find ich ja klasse, hallo.

OTTO   Also kommts, gehma auf d' Terrasse.
    Armando, jetzt in einem – schlecht sitzenden – Anzug von Otto mit dazugehöriger Krawatte, verbeugt sich. Die anderen gehen achtlos an ihm vorbei auf die Terrasse.

ADELHEID   Ah, is ja entzückend arrangiert, pfui, Sascha, wirk-lich klasse, so richtig mit Stil …

MARLIES   Mei, mir ham uns denkt, zu Ehren vom Armando.

OTTO   Weil er mir's Leben grettet hat. Setzts euch, mögts an Aperitif?

MARLIES   Mir ham an Coppa Cabana da oder an Harakiri.

ADELHEID   Is ja klasse, mir 'nen doppelten Coppa Cabana, bitte.

MARLIES   Du, Hubert?

HUBERT   Mir 'ne Coca und vielleicht 'n Schuss Bacardi, wenn de erübrigen kannst.

ADELHEID   Tja, ein Wetterchen ist das heute wieder, richtig klasse.

OTTO   Ja, schön is. Mir bringst a Bier!

ADELHEID   Was 'n das für 'n Kopf da? Is der neu?

MARLIES   Der Otto hat 'n kauft, mit dreißig Prozent, des is a Bacchus.

ADELHEID   Was 'n das?

OTTO   Mei, eine Art Dionys.

ADELHEID   Ah so, klasse.

MARLIES   *serviert Getränke* Dass da Eberhard und de Conny no net da san. De san doch oiwei unpünktlich. Immer dasselbe.

ADELHEID   Die streiten sich ja auch ständig, was man so hört.

OTTO   *zu Hubert* Mei, mit der gspinnerten Goaß dad i aa zammruckn.

HUBERT   *nimmt Getränk* Oh, danke Marliesschätzchen. Ja, bei uns is es jetzt dann so weit. Nächsten Mittwoch ham wa Termin.

ADELHEID   Gott sei Dank, endlich.

OTTO   Ah so, wega der Scheidung.

MARLIES   Und wer kriegt nachert de Natascha?

ADELHEID   Ich natürlich.

HUBERT   Nein, nein, liebe Adelheid, ich würde sagen, der bessere Anwalt. Hahaha …

ADELHEID   Seit die Scheidung ins Haus steht, haben Hupsi und ich 'ne klasse Beziehung. Nicht wahr, Hupsi? Pfui, Sascha, lass das! *Trinkt ihr Glas ex.*

MARLIES   Was is, fangma scho an derweil?

OTTO   Mei, der Eberhard wird no was doa müaßn, er is ja finanziell schwer am Paddeln.

HUBERT   Der Mann ist liquide wie 'n Penner, was man so hört.

OTTO   Keine müde Mark mehr, mir ham eahm aa bloß eigladn, weil ma 'n no von früher kennen.

MARLIES   Also, i dad sagn, mir fangen derweil scho mal an. *Verteilt Kuchen. Es läutet.* Des wern doch net scho de sei?! *Marlies geht zur Tür, gefolgt von Otto, Armando lehnt verloren am Rosenspalier und raucht, Adelheid schenkt sich ihr Glas wieder voll. Im Hintergrund Begrüßung.*

HUBERT   Wenn du dich heute wieder so vollsäufst, du Schnapsdrossel, dann lass ich dich stehn wie 'n Sack Kartoffeln.

ADELHEID   Ach, halt die Klappe, ich sag dir ja auch nicht, wie beschissen du heute aussiehst, du altes Arschloch. – Hallo, hallöchen, Eberhard, na endlich!

Eberhard und Conny und Pudel Patrick erscheinen im Disco-Look.

HUBERT   Schön, dass man euch mal wieder sieht.

EBERHARD   Grüß euch. Hi, Jungs und Mädchen.

CONNY   Na, ihr Süßen, wie geht's?

MARLIES   Da, des is der Armando, der wo am Otto das Leben grettet hat.

EBERHARD   Ah so, der …

CONNY   Tatsächlich.

OTTO   Legts ab, hockts euch her, es kennts euch eh aus. Mögts an Aperitif?

MARLIES   Mir hätten fei scho fast angfangt ohne euch.

EBERHARD   Mei, i hab no an kloana Deal ghabt. I hab an Targa verkaufn müaßn mit 60 000 Kilometer, wei 'n da Kunde aso wolln hat. Er hat natürlich 160 000 draufghabt, aber wenn an der Kunde mit 60 ham will, bittschön, i verkauf meine Autos mit de Kilometer, wia's da Kunde wünscht. Muaßt scho entschuldigen, aber wega zehn Braune netto nebenher lass i aa mal an guatn Spezi a bissl wartn.

MARLIES   Mögts an Coppa Cabana oder an Harakiri oder was Normals?

OTTO   O mei, du machst ja vielleicht Sandler gschäftln. Schaug, i mach oa Gschäft im Monat, und des glangt ma nachert fürs ganze Jahr.

EBERHARD   Ah geh …

MARLIES   Armando, du dir …

OTTO   Schaug, i hab am Professor, hab i a Grundstück verkaaft. Den reinen Sumpf. Der hat des net überrissn, dass des koa Bauland is. I hab's eahm finanziert, und jetz is dem gstudiertn Schlaumeier der Saft ausganga. Grad gwuislt hat er, wie er's nimmer zahln hat kenna. Er hat direkt an Kniefall gmacht, na hab i's eahm wieder zruckkauft für d' Hälftn. Und jetzt hab i scho wieder an Deppn an der Hand, aa so an Akademiker, der wo ma's fürs Dreifache wieder abkauft. Der frisst ma aus da Hand, grad dass er's kriagt. Woaßt, des san Gschäfteln. Wega zehn Braune geh i doch gar net ans Telefon.

MARLIES   *beginnt plötzlich zu heulen* Und ois kriagt die Schlampn, diese Sau, diese miserablige. A Wohnung hat er ihr kauft, und eigricht hat er's ihr aa und an Porsche fahrts, und i hab no net amal mei Leopard, den wo er mir scho seit'm Frühjahr versprochen hat.

CONNY   Ach, Marlies, nimm's nicht so schwer. Schau, der meine hat auch einer 'ne Wohnung bezahlt, und jetzt is er pleite, die Flasche.

EBERHARD   Was, i pleite?

CONNY   Ja, pleite biste, du Pfeife, gib's doch zu!

MARLIES   Ois schiabt er dera Schnoil in'n Hintern nei, dabei hat er mir an Leopard versprochn, und der Scheck, den wo er mir gebn hat, der war gsperrt.

OTTO   Ah geh, halt's Mau. Oiwei de Krampf. Wei woaßt, Hupsi, an ara finanziellen Nestwärme, da hab i's bei ihra no nia fehln lassn. *Zu Marlies* Was war denn, wiasd des ghabt hast mit dera Zyste, da hab i dir aa an Professor Moser zahlt. Der hat ganz schee higlangt, und jetzt kamad sie daher mit ihrm Scheißleopard!

MARLIES   Weilst mir 'n versprochen hast!

OTTO   Ah geh, was kost der Scherz? *Wirft ihr* 20 000 *Mark in bar vor die Füße.* Da, kaaf da dein Umhang, aba na gibst a Ruah! I wui nix mehr hörn.

BORIS   Du, Bappa, i muaß jetz nachert geh. Kriag i jetz mein Scheck?

HUBERT   Pass aber auf, dass dir dein Papi nicht den Scheck sperrt …

BORIS   Von meim Bappa nehm ich schon an Scheck, gell, Bappa?

OTTO   *hat den Scheck ausgestellt* Da, und jetz schaugst, dass d' weiterkommst, mir wolln unter uns sei …

EBERHARD   *haut Conny eine kräftige Ohrfeige runter* So! Und wennst ma du no amal sagst, dass i pleite bin, na hau i di zum Deifi, du Goaß, dass d' as genau woaßt.
Conny beginnt heftig zu heulen.

ADELHEID   Lass dir das nicht gefallen, Conny. Ich bin Zeuge! Nimm dir 'nen Anwalt. Du musst dich wehren! Schau, ich lass mir von Hupsi auch nichts mehr bieten. Der hat austyrannisiert.

HUBERT   Na, das wolln wir mal sehn. Hier, zieh dir eine Karte. *Hält ihr fünf Visitenkarten hin.* Das ist dann der Anwalt, mit dem du's zu tun haben wirst, du Schnepfe. *Zu Otto* Im Zeitalter der Emanzipation kommt dir im Endeffekt 'ne Nutte billiger.

OTTO   *zieht Spielkarten aus der Tasche* Da hast recht. Was is, spui ma oan?

HUBERT   Klasse.

EBERHARD   Von mir aus. Lassma de Weiber tanzn.

OTTO   Gehts her, auf geht's.

HUBERT   Wer gibt?

EBERHARD   *scheucht Conny von ihrem Platz* Ffft, fft, Fliege.

Die Männer setzen sich zusammen an die eine Tischhälfte, die Damen sammeln sich an der anderen Tischhälfte; Adelheid holt sich selbst ein Limoglas voll mit Schnaps, Otto zieht die Tischdecke über Kaffee und Kuchen, Armando steht am Spalier und raucht. Otto teilt Karten aus. Armando hat seine Gitarre neben sich.

MARLIES   Mögts no a Stückl Kuchen?

Armando beginnt, Gitarre zu spielen. Dabei: 18 – 20 – 2 – 4 – 7 – 30 – weg, 3 – 6 – weg.

MARLIES   Der Otto will also unbedingt schwimmen. I sag no, naa, jetz setzt doch glei die Flut ein, aber er nix wia nei ins Wasser. Na hör ich 'n scho. Hilfe, Hilfe. I siehg an Armando, wie er neihupft …

OTTO   Ah ja, am Ismeier Winfried hat aa scho mal oana as Leben gerettet … Grang.

EBERHARD   Des war aber auf de Seychellen.

MARLIES   Ja, genau.

OTTO   Wer kommt raus? *Blickt Armando an, der wunderbar Gitarre spielt.*

EBERHARD   Da Hupsi.

Otto drückt entschlossen den Kassettenrecorder an, dreht lauter und deckt Armandos Gitarrenspiel mit Discomusik zu.

Care Gino

RICHARD   Jetzt is wieder ein Jahr vergangen, jetzt muss ich ihm aber wirklich einen Brief schreiben. Aber natürlich nur ein paar Zeilen, weil, des muss jetzt wirklich passiern, net, weil, wenn des so weitergeht …

KRIMHILD   Geh, was macht denn des für an Eindruck! Du muss doch jetzt amal was Ordentliches schreibm, des geht doch net so weiter!

RICHARD   Ah ja, ich schreib ihm ja, aber das sag ich dir, nur das Wesentliche, weil, irgendwas anderes kommt ja gar net in Frage, gell.

KRIMHILD   Schreib ihm doch auf Italienisch, du hast es doch unten auch bewiesen.

RICHARD   Jaja, ja, auf Italienisch, ja freilich, also nachert, fangma amal an. Gell, ah – Care …

KRIMHILD   Der heißt doch net Kare, der heißt doch Gino, hast des vergessen?!

RICHARD   Ja, hä, naa, des is aso, woaßt, Care, des heißt praktisch Lieber.

KRIMHILD   Ach, Lieber, des heißt doch amore!

RICHARD   Ah ja, hähä, naa, es is aso, na ja, also ich glaub, ich schreib doch lieber auf Deutsch, net, weil, also, des verstehn die auch. Kannst dich erinnern, wie mir gsagt ham: Schweinsbraten, wie s' da glacht ham? Hahaha …

KRIMHILD   Genau, und Beckenbauer, des hams aa kennt. Aber es waar scho fesch, so auf Italienisch …

RICHARD   Jaja, gell, also jetzt schaun mir halt amal, ah – fangma halt amal an. *Schreibt* Ah – Lieber Gino. Lieber Gino – es ist inzwischen sehr viel passiert. – Also, ich schreib nur das Wesentliche, gell? – Lieber Gino, es ist inzwischen sehr viel passiert. – Weil, des würd ja sonst zu weit führen, net, wenn ich ihm jetzad da alles, net – also, es ist inzwischen, inzwischen ist – viel – Zeit – vergangen, net, des is wahr, des kann ma sagn – ah, sozusagen, ein Jahr – ist im Fluge vorbei – im – Flu–ge – vorbei. – Inzwischen – net, also – inzwischen hat sich – wieder einiges – getan, net – äh, und ich nehme an – ich nehme an, dass sich, äh, bei euch – auch einiges getan hat. Ja, dass sich bei euch auch einiges getan – hat, wie – es – halt so – ist im – Leben, wie es halt so ist im Leben, net, im – Leben. – Ja, was schreib i denn jetzt no – ah, ah ja! Ah – draußen, äh – regnet es gerade …

KRIMHILD   Ah geh, des is doch a Schmarrn, es hat doch grad zum Regnen aufghört! Kannst 'n doch net anlügn!

RICHARD   Ah ja, ah – draußen hat es gerade – aufgehört – mit – dem – Regen. Draußen hat es aufgehört mit dem Regen – dem Re–gen, ah – wir haben, äh – viele – Erlebnisse – ge– habt, – Erlebnisse – geee–habt, aa–ber weem – schreiibe ich das. – Äh, was Persönliches, net, äh, vielleicht, ja! Ah – wie geht – es – dii–rr – wie geht es dir, ähm – und insbesondere – ah, euch anderen sonst – und insbesondere euch anderen sonst! Ah – ah ja! Ah, mir …

KRIMHILD   Was heißt denn da: mir …? Bin ich vielleicht nicht da?!

RICHARD   Ah, uns – geht es – meist – ah, zumeistens – gut, uns geht es zumeistens gut, ah – schreibt – uns doch – auch, schreibtunsdochauch – was – bei euch – ah, bei euch passiert is. – Net, des dad mi jetzt intressiern, ah, was – inzwischen – bei euch – passiert ist. Net, weil – ah – wir, wir – schrei–ben euch dann auch wieder, wir schreiben euch dann auch wieder, was bei – uns – alles – so passiert. Ah, jetzt mag i nimma. Was schreibm mir jetzt, ah, dir – uns – inzwischen – und so weiter – is alles da – jetzt muss ich – leider schließen – i hab ja gar koa Zeit mehr – weil ich – äh, äh – keine Zeit – mehr ha–be – denn morgen – wird's auch wie–der – ein turr–buu–len–ter – Tag.

KRIMHILD   Geh, morgen is ja Wochenend, kannst nix anders …

RICHARD   Na ja, is ja Wurscht, Wochenende, na ja, da, des wissen die gar net. Also gut! – Viele Grüße – euer – äh, Richard. Ja, sehr gut, äh, Richard, jetzt schreib i's vielleicht noch italienisch hin, äh, Ricardo, äh – schreibt ma jetz Ricardo mit k oder mit ck, na ja, is ja Wurscht, sie wissen ja von wem s' den Brief ham, net wahr, Hautpsache is, dass sie wissen, was los is da herunten bei uns.

Da, schreib aa no was hin, wennst magst ... dass's nach was ausschaut. *Reicht Krimhild den Kugelschreiber. Diese nimmt ihn und unterschreibt rasch.*

Mr. Anybody

INTERVIEWERIN   Mr. Anybody, Sie sind nun schon zum sieb-
ten Male in der Bundesrepublik Deutschland. Was bewegt Sie
denn, immer wieder nach Deutschland zu kommen? Ist es das
Klima, Mr. Anybody, oder …

MR. ANYBODY   Well as you see, isch war in America, in the
States at home, in Kentucky, von – wie sagt man – my profes-
sion, mein Beruf, hab isch gearbeitet als Osterhase und auch
schon als Pinguin by in Disneyland und als – wie sagt man –
carseller – *lacht* –, isch haben Auto verkauft, verkauft – *lacht* –,
ja, and jetzt isch komme nach Deutschland, weil …

INTERVIEWERIN   Und wie gefällt Ihnen Deutschland?

MR. ANYBODY   Deutschland sehr clean, alles sehr clean, die
Straßen clean, die houses, die Häuser, und die Gehirne clean,
the friends, alle Bekannten, alles clean, sehr sauber, U-Bahn
sauber, ah, wie sagt man, auch die Toiletten, das ist sehr
sauber.

INTERVIEWERIN   Ja, das freut uns sehr, dass Sie das sagen,
Mr. Anybody. Und haben Sie sonst noch irgendwie einen
Grund, dass Sie noch länger in Deutschland verweilen wollen
und auch künstlerisch hier tätig sind?

MR. ANYBODY   Ah ja, isch möschte sagen, dass … the coke is at
least as good as, so gut wie in America. Wir haben das Pop-
corn, ist sehr gut, und in eine Toilette in Autobahn Leipheim
eine Spruch von eine sehr intelligente deutsche author – wie
sagt man – Schriftsteller: Spießig ist riesig. That's it.

Concentration-Camp-Song

Mr. Anybody singt.

Gesprochen:
I've been around the world – isch habe viel gesehen
von die Welt – but the best place I've ever seen
was the place where I've met Gretschen last year –
aber die beste Platz, die isch immer geseihn, war die
Platz, wo isch geseihn Gretschen … bei eine Ausflug
zu Dauchau Konzentrationslager in die letzte Jahr.

Gesungen:
Well, isch traf meine Gretschen
she's a beautiful Mädschen –
inside the concentration camp.
Well, I hold her and I kissed her,
now I'm gonna miss her
and I dream of the green oaks 'round the concentration camp.

Refrain:
Concentration camp,
place of history,
place of destination
for Gretschen and me …

Gesprochen:
I've seen all die Plätze in de beautiful Germany,
the Zillertal in Heidelberg – oh, beautiful
the Jedermann in Salzburg, ah, beautiful
University in Würzburg – interesting,
Newswanstein, Hofbräuhaus, an' Reeperbahn, oh, marvellous,
but on my way to Dachau Konzentrationslager suddenly
I looked at her – isch sehen zwai wundervolle blaue Augen
von aine beautiful girl.

Gesungen:
Well, I've met my Gretschen,
she's my destination –
inside the concentration camp.
I fühle glucklisch when I saw
hinter die Mauer flowers grow,
wonderful flowers of die concentration camp.

Refrain …

Gesprochen:
In die Schatten von eine alte romantische Baracke
aßen wir ein Hamburger und Wurstel mit Kraut.
Da hat sie misch in maine Augen geschaut.
Isch sagte: Baby, let deine sorrows disappear,
I love this romantische atmosphere.

Gesungen:
I came over from Kentucky,
an' now I am so lucky
disch getroffen in die concentration camp.
Baby, komm in main arm,
I will halten dir warm
even outside von die wundervolle concentration camp.

Refrain …

Gesprochen:
After the Wurstel sagte isch zu Gretschen:
Willst du maine Frau werden? – Gretschen, I wanna
marry you! – She agreed. An then isch nahm sie
mit zu maine sweet home in Kentucky,
an' since that time – und sait diese Zait
fahren wir zu unsere
gemütliche Platz in Dachau Konzentrationslager und
denken an unsere erste Begegnung im shadow
von die wundervolle Eiche.

Gesungen:
We spend the all-year-vacation
on the place of our destination:
in the beautiful concentration camp.
'cause I've met my Gretschen,
maine wundervoll Mädchen
inside the walls of the concentration camp.

Refrain …

Jodler …

WIRTSCHAFT
UND FINANZEN

Die Aussteiger

*Heiko Söderbohm sitzt mit Herrn Schmitz in Söderbohms Ferienvilla
vor dem offenen Kamin mit Blick in den Garten.*

SÖDERBOHM   Wissen Sie, mein lieber Schmitz, ich habe mir
das mal approximativ durchgerechnet, ich koste mich selbst,
also jede Stunde meines Daseins kostet mich circa vierhundertachtzig Mark. Da ist sie dann schon mit drin.
*Er deutet auf seine Frau Ulla, die gerade mit einer Flasche Cognac
kommt.*
Mit Totalkosten, auch wenn sie schläft oder ich beispielsweise.

ULLA   Herr Schmitz, wolln Sie mal kosten? Hundertfünfundsiebzig Jahre alter Cognac. Den hat Heiko bei einer Konkurs-
masse ersteigert. Das ist was Wunderbares.

HEIKO   Obwohl – ich habe neulich 'nen ganz ordinären Remy
aus'm Supermarkt geordert – schmeckt man kaum 'nen
Unterschied.

ULLA   Nee, nee, nun übertreib mal nicht, Heiko, das ist schon
ein gewaltiger Unterschied. Kosten Sie mal, Herr Schmitz,
allein das Bouquet … *Ulla schenkt Herrn Schmitz einen Cognac ein.*

HEIKO   Mir auch einen, Ulla-Maus. Tja, Herr Schmitz, ich
kann Ihnen ja auch mal spaßeshalber vorrechnen, was Ihnen
Ihr Dasein so kostet. Das is so 'n Spleen von mir, wissen Sie.
Aber die meisten sind erstaunt, wenn ich's ihnen mal ausrech-
ne, wie teuer ihnen ihr Leben zu stehen kommt. Gut, in
Ihrem Fall läuft das Ganze natürlich wahrscheinlich etwas
preiswerter ab. Sie haben kein Ferienhaus am Hals. Schaun
Sie, allein nur so 'n offener Kamin beispielsweise …

ULLA   Also dann, erstmal prost, die Herrschaften.

SCHMITZ Prost.

HEIKO   Prösterchen, Prostata! Schaun Sie, ich bin hier in unserem Feriendomizil vielleicht vierzehn Tage im Jahr. – Höchstens mal drei Wochen.
Schmitz kippt den Cognac in einem Zug runter.

ULLA   *zu Schmitz* Der ist hundertfünfundsiebzig Jahre alt, den müssen Sie mit Verstand trinken.

SCHMITZ   Ach so …

HEIKO   Ja, ääh …

SCHMITZ   Darf man hier rauchen?

HEIKO   Na, paffen Sie mal.

Schmitz bietet Heiko eine Zigarette an.

SCHMITZ   Mögen Sie auch eine?

HEIKO   Nö, nö. In meinen Mußestunden gönne ich mir ja ab und an 'ne Havanna, fünfunddreißig Mark das Stück – für mich, is 'n Sonderpreis. *Heiko zündet sich eine Havanna an.* Also, passen Sie mal auf. Insgesamt brennt nun dieser Kamin vielleicht viermal im Jahr zwei Stunden. Ich lasse ihn ja auch nicht immer an – sind acht Stunden, da runden wir auf, sagen wir, zehn Stunden, das rechnet sich besser. Ein Kubik Holz kostet normal einhundertzwanzig Mark, ich muss hier hundertfünfzig Mark zahlen, die Leute meinen ja, ich bin hier Krösus. Na ja, macht also fünfzehn Mark pro Stunde. Aber das ist ja nur das wenigste, das sind die geringsten Kosten. Die Tatsache, dass dieser Kamin überhaupt da steht, macht anteilsmäßig am Gesamtobjekt hier circa dreißigtausend Mark. Vollkapitalisiert sind das dreitausend Mark per anno, sind wir schon bei dreihundertfünfzehn Mark pro Stunde. Und jede Stunde, die ich hier vorm Kamin verbringe, koste ich mich selbst aber schon per se vierhundertachtzig Mark, macht siebenhundertfünfundneunzig Mark.

ULLA   Und dann trinken wir noch 'nen kleinen Cognac, und dann sind Sie schon bei weit über achthundert Mark pro Stunde Kaminfeuer. Aber wenn Sie sich das genau überlegen, bringt das alles nichts. Man zahlt sich hier dumm und dusslich und hat nichts davon. Die Leute sind dumm, frech, aufsässig, faul und ordinär. Gucken Sie mal!

Hebt eine Sofadecke hoch, man sieht eine Zigarettenkippe in einem kleinen Rand von Dreck.

Das habe ich vorige Woche hier hindrapiert. Die Putze war einmal da, die Putze war zweimal da und heute noch mal. Morgen ist sie nicht mehr da, sie weiß es nur noch nicht. Man muss sich ja nicht alles bieten lassen. Man wird ja nur noch ausgenutzt, man wird nur noch wegen des Geldes respektiert, verstehen Sie, ich halte diese verlogene Gesellschaft hier nicht mehr aus. Man kommt zu nichts, man führt banale Gespräche, man döst so vor sich hin, drum lösen wir hier alles auf, wir haben uns jetzt in Umbrien so 'n kleines Gehöft zugelegt, in dieser typisch umbrischen Bauweise.

HEIKO   Gleich bei Monte del Trano links ab ins Gebüsch, mit eigenen Weinbergen, is 'n Traum.

ULLA   Und die Leute da sind noch von einer Ursprünglichkeit, sag ich Ihnen, die haben eine Spontaneität am Leib, so was finden Sie hier nicht mehr. Das finden Sie bei uns nirgends mehr.

HEIKO   Nicht so durchkommerzialisiert, verstehen Sie?

SCHMITZ   Ah ja.

ULLA   Drum machen wir hier tabula rasa, wir steigen aus.

HEIKO   Wir lassen alles hier zurück, bis auf Steinway und Hundertwasser-Zyklus.

ULLA   Wir hinterlassen keine Adresse, kein Telefon, die paar wirklich guten Freunde finden einen dann schon. Man braucht dort nichts außer 'nem tüchtigen Geländewagen, Toyota-Allrad hab ich schon bestellt.

HEIKO   Wieso haste denn keinen Mercedes bestellt?

ULLA   Nö, Toyota-Allrad is doch 'n klasse Geländewagen, stabiler Wagenheber, alles bei.

HEIKO   Aber ich habe nur einen Satz Bandscheiben. Hähähä. Wenn wir schon wie Robinson leben, 'n kleiner Hauch von Luxus mag da schon noch sein. Wir fahren doch nicht zur Strafe runter, Ulla.

ULLA   Aber Toyota is 'ne Weltmarke.

HEIKO   Mercedes is auch 'ne deutsche Weltmarke.

ULLA   Toyota war Allrad-Testsieger.

HEIKO   Ja, aber nur bei der Geländeschrägfahrt.

ULLA   Aber der Toyota-Service is …

HEIKO   Ich nehm keinen Ausländer, außerdem, die Leute in Umbrien sind zwar rührend dilettantisch, aber 'n bisschen achten die auch drauf, was man fährt.

ULLA   Ja eben, Mercedes sieht immer gleich so neureich aus, oder was finden Sie, Herr Schmitz?

SCHMITZ   Na ja, äh …

HEIKO   Ach was, dann bekommst du eben deinen Toyota, und ich fahre Mercedes. In dieser Wildnis sind zwei Autos sowieso kein Nachteil. Apropos, was macht denn der Kaffee, Ulla-Maus?

ULLA   Schon in Arbeit. *Geht in die Küche.*

HEIKO   Tja, die Frauen, sie wollen immer ihren Willen haben, die haben alle ihre Macken, alle. Is Ihre Frau auch so?

SCHMITZ   Ich bin nicht verheiratet.

HEIKO   Seien Sie froh, sparen Sie sich viel Geld.
Ulla kommt aus der Küche.

ULLA   Heiko, kannst du mir mal eben kurz zur Hand gehen?

HEIKO   Ja, was is denn, Ulla-Maus? Moment, lieber Schmitz.
Heiko geht auch weg. In der Küche:

ULLA   Sag mal, bist du wahnsinnig, wie kommst du dazu, diesen öden Tropf hier einzuladen?

HEIKO   Was heißt hier einladen? Der hat sich selbst eingeladen, das war …

ULLA   Ich kenne diese Sorte Schmarotzer, die wanzen sich überall an, wo's was zu schnorren gibt. Am Ende spioniert er uns noch die Wohnung aus.

HEIKO   Nö, nö, der is so harmlos wie 'ne Stubenfliege. Ein kleiner Fisch in meiner Firma, ich habe ihm mal in 'ner schwachen Minute gesagt: Wenn Sie mal in der Gegend sind, schaun Sie doch auf 'nen Sprung vorbei. Kann ich doch nicht ahnen, dass dieser Arsch das wörtlich nimmt.

ULLA   Ja, aber nach'm Kaffee sägst du ihn ab. Ich kann diese alberne Fresse nicht länger sehen.

HEIKO   Lass mal, Ulla-Maus, der kriegt noch zehn Minuten, und dann fliegt er raus.

ULLA   Aber zehn Minuten maximal!
Heiko kommt zurück aus der Küche.

HEIKO   So, mein lieber Schmitz, Kaffee ist schon in Arbeit.
Ulla kommt mit Kaffeegeschirr.

ULLA   Wollen Sie vielleicht 'n paar Kekse dazu?

Dr. Kleinsorges Verdienste
um den europäischen Scherz

FRÄULEIN GRUBEL   Herr Dr. Kleinsorge, Sie sind in der Scherzartikelbranche Europas einer der Größten. Wie sehen Sie die Entwicklung auf dem Humorsektor?

DR. KLEINSORGE   Ja, Fräulein Grubel, die scherzartikelproduzierende Industrie war und ist stets bemüht, sich flexibel am Humorbedarf des Kunden zu orientieren, denn Spaß muss sein. Aber mit Niveau, und die Entwicklung der letzten Jahrzehnte hat uns bestätigt. Seit dem absoluten Absatztief seinerzeit im Karneval 1945 haben wir einen kontinuierlichen Aufwärtstrend zu verzeichnen, mengenmäßig, und ich würde sagen, auch in der Qualität.

FRÄULEIN GRUBEL   Unter der Hand wird von Fachleuten gemunkelt, dass die japanische Scherzartikelindustrie den europäischen Markt entdeckt hat. Hat das irgendwelche Konsequenzen?

DR. KLEINSORGE   Wir wollen einmal klarstellen, Fräulein Grubel, die Bundesrepublik Deutschland gehört zu den Ländern mit dem weitgefächertsten und solidesten Angebot an Scherzartikeln, und bei dem heutigen hohen Standard unserer Stimmungsmacher muss man sich ja geradezu wundern, wie es früher überhaupt möglich war, eine Stimmung zu erzeugen mit den damals verfügbaren, doch sehr primitiven und simplen Produkten. Betrachten Sie doch nur unsere Nachbarländer. Dänemark, karnevalistisch unbedeutend, in Italien ist die Scherzartikelversorgung durch Streiks ins Wanken geraten, der Italiener musste die letzten Jahre weitgehend ohne Accessoires feiern, und die desolate Versorgungslage in Comecon-Staaten ist berühmtberüchtigt. Lassen Sie mich also noch einmal betonen, dass die Scherzartikelindustrie ein Hochleistungsunternehmen ist, das sich ernsthaft um die närrischen Belange der Bürger bemüht. Sehen Sie, allein was wir in puncto Sicherheit geleistet haben: Ich erwähne nur unsere unbrennbaren Luftschlangen und Konfetti, vierfach imprä-

gniert und desinfiziert. Der Konfetti zum Beispiel, als Bakte-
rienträger, ist damit praktisch tot. Ein weiteres Ergebnis unserer Forschungsarbeit ist zum Beispiel ein Gummihammer,
mit dem beliebig oft geschlagen werden kann, ohne dass Ver-
letzungsrisiken für die Kombattanten bestehen. Das nämliche
gilt für sämtliche Schaumgummiwaffen.

FRÄULEIN GRUBEL   Ein erfreulicher Trend zum konfliktfreien
Scherz also.

DR. KLEINSORGE   Genau.

FRÄULEIN GRUBEL   Herr Dr. Kleinsorge, welche Novitäten
kommen im Scherzartikelsektor auf uns zu, haben wir in Zukunft auch noch was zu lachen?

DR. KLEINSORGE   Selbstverständlich, Fräulein Grubel. Bahn-
brechend für unsere Novitäten war der Aufschwung der
chemischen Industrie. Neue Werkstoffe ermöglichen naturge-
treue Nachbildungen. Spinnen, Käfer, Stuhlgang, Politiker-
masken, da können wir heute perfekt modellieren. Der Scherz
wird dadurch heutzutage wieder realitätsbezogen.

FRÄULEIN GRUBEL   Alles in allem also erfreuliche Meldun-
gen. Aber gibt es nicht auch irgendwelche Probleme, mit denen Sie und Ihre Branche fertig werden müssen?

DR. KLEINSORGE   Sehen Sie, die importierten Humorpro-
dukte aus der dritten Welt haben bei uns langfristig keine
Chance. Ich glaube, dass das Scherzgefühl der dritten Welt
doch unterentwickelt ist und analog den europäischen Ge-
schmack nicht wesentlich tangiert. Auch Dumpingpreise
sind kein brauchbares Mittel, um das europäische Gefühl für
stabilen und qualitätsbewussten Humor ernsthaft zu gefähr-
den. Aber die große Gefahr für die Zukunft des witzigen Daseins liegt darin, dass immer weniger Menschen immer mehr
Leute unterhalten wollen. Dem müssen wir aufs entschie-
denste widersprechen. Frohsinn ist eine Lebensqualität, die
nicht von einer Handvoll pseudowitzigen Desperados in Frage gestellt werden darf. Und wenn man dieser Entwicklung
nicht energisch entgegensteuert, könnte es eines Tages passieren, dass der gesunde Scherzartikel zum Privileg einer humo-
ristischen Elite oder für irgendwelche lustigen Avantgardis-
ten stilisiert wird.

FRÄULEIN GRUBEL   Vielen Dank für das Gespräch, Herr
  Dr. Kleinsorge, und in Ihrem Kampf für die Fröhlichkeit viel
  Erfolg.

DR. KLEINSORGE   Danke schön, Fräulein Grubel. Darf ich
  Ihnen als Leiter der Scherzinnung unsere neueste Kreation
  überreichen? Es handelt sich um einen portablen Leibeswind,
  sehr einfach zu bedienen. Darf ich's Ihnen vorführen?
  Man hört einen mehrfach wiederholten, monotonen Furz.

Der Humorist beim Finanzamt

Winfried Deutelmoser sitzt an seinem Schreibtisch und bohrt in den Zähnen, Annerose Waguscheit sortiert ihre Handtasche.

DEUTELMOSER   Ham Sie heut aa den Sauerbraten ghabt, Frau Waguscheit?

WAGUSCHEIT   Naa, i muaß abnehmen. I hab das Kassler gnommen. War er gut, der Sauerbraten?

DEUTELMOSER   Ah ja, er war net schlecht, a bissl wenig halt. Ich hätt gern no an Extraknödel ghabt, aber des is allweil des Gfrett, kaum gibt's an Sauerbraten, marschieren alle Abteilungen drauf zu, und was dann übrig bleibt, des is natürlich, wie immer, wenig. Und den Zitterpudding rührt eahna koana o. Aber sie machen ihn trotzdem, bloß, weil er im Etat drin is.

WAGUSCHEIT   Mei, was da Geld nausgschmissn wird.

DEUTELMOSER   A Knödel kann doch net mehr kosten wie a Zitterpudding. Herrschaftseiten, jetz moan i, spinnt der Computer scho wieder. *Es klopft.* Ja, herein! – Scheißkasten. *Es klopft wieder.* Herein!
Manfred Söll, ein schmächtiger Mensch, sorgfältig gekleidet, betritt das Büro und sieht sich um.

SÖLL   Grüß Gott.

DEUTELMOSER   So ein Glump, mag er wieder net. Da muaß oana dro rumgspielt haben.

SÖLL   Grüß Gott.

DEUTELMOSER   Ja, grüß Sie Gott, nächstens sperrn mir über Mittag ab. 's is eh Vorschrift.

WAGUSCHEIT   Oben im dritten Stock beim Dr. Berzelmeier is er scho seit vierzehn Tag kaputt. Es hat immer gheißn, dass s' 'n reparieren. Weil die gesamte Abteilung für Beschränkte ja praktisch lahmgelegt is, die können gar nimmer arbeiten.

DEUTELMOSER   Ja, Sie werdn sehn, uns geht's noch genauso, wenn des so weitergeht. Apropos, haben Sie die Unterlagen in der Angelegenheit Reitmoser-Schwöpf ... San die wieder aufgetaucht? Was is 'n da los?

WAGUSCHEIT   Ich kann's einfach net finden. An ganzen Tag hab ich s' gsucht. Jetzt hab ich s' an'n Herrn Smrch weitergebn, der kümmert sich drum, hat er gsagt.

SÖLL   Hallo, Verzeihung, äh …

DEUTELMOSER   Ja, an Moment noch, gell, Sie sehen ja … *Geste.* So, der Herr Smrch macht das jetzt. Na lassn S' 'n glei amal kommen. Da muaß ein Exempel statuiert werden. Rufen S' amal glei an.

WAGUSCHEIT   Selbstverständlich, sofort. *Telefoniert.*

DEUTELMOSER   Ja, und nun zu Ihnen.

SÖLL   Guten Tag, mein Name ist Joe Canaris, ich bin Humorist. Bin ich hier richtig, ich komme wegen meiner Steuererklärung.

DEUTELMOSER   Sie san also a Humorist. Ja, des kommt jetz drauf an, sin Sie mehr ein Witz*her*steller, also Witzproduzent, oder vertreiben Sie die Witze nur, indem Sie s' erzählen, also *Re*produzent quasi.

SÖLL   Ja, eigentlich mehr beides.

DEUTELMOSER   Soso, mhm, des is dann natürlich … da ghören S' eigentlich … ah, zeigen S' amal Ihre Unterlagen. *Söll überreicht aus seinem Aktenkoffer einen Ordner. Deutelmoser studiert die Unterlagen.*

DEUTELMOSER   Nehmen S' doch derweil Platz, Herr, äh, Söll …

SÖLL   Wissen Sie, ich arbeite praktisch sozusagen mehrgleisig, das heißt, ich stelle meine Witze selbst her, oder besser gesagt, ich erfinde sie, und die gutenWitze bringe ich anschließend zum Vortrag.

DEUTELMOSER   *lesend* Ja, Sie haben hier unter Werbungskosten, haben Sie einen grauen Straßenanzug als Berufskleidung angeführt. Zum Witzeerzählen, nehm ich an. Wolln Sie damit also sagen, dass das Ihre Berufskleidung ist?

SÖLL   Selbstverständlich. Ich kann, wenn ich einen Witz erzähle, doch nicht als Kasperl auftreten.

DEUTELMOSER   Ja, aber sehen Sie, *das* wäre zum Beispiel für uns bedeutend einfacher, da hätten mir dann eine eindeutige Abgrenzung. Während so, bei am Straßenanzug, is des natürlich schwierig, weil die Abgrenzungsmöglichkeit des berufsbedingten Aufwands ist ja hier nicht gewährleistet.

SÖLL   Aber, ich brauch ihn doch auf der Bühne, soll ich in Unterhosen auftreten?

DEUTELMOSER   Unbestritten, Sie können ihn aber auch daheim anziehen, des können wir doch nicht überprüfen. Ja, leider, des is keine steuerwirksame Maßnahme, so was wird als zumutbare Privatbelastung deklariert, zumal, in Ihrer Branche werden ja häufig Witze schwarz nebenher fabriziert. *Streicht den Anzug. Liest wieder.* Mhm, Sie sagen also, Sie haben letztes Jahr vier Witze hergestellt.

SÖLL   Ja, es wird ja auch immer schwieriger mit der Konjunktur. Und heuer schaut's noch schlechter aus. Das Produktionsvolumen ist weiterhin rückläufig.

DEUTELMOSER   Ja, es tut mir leid, mir können Ihnen nur aufgrund Ihrer Witzproduktion vom letzten Jahr den Kostenfestsetzungsbescheid berechnen. Wenn jetzt Ihre Produktion stagniert, dann müssen Sie bei der Rechtsbehelfsstelle form- und fristgerecht Erinnerung erheben, des geht mich nachert nix an. Sie können natürlich aber auch einen Steuervorauszahlungsherabsetzungsänderungsantrag einreichen, dafür bin ich dann wieder zuständig. Die Formulare dazu kriegen S' in Zimmer 37 A.

WAGUSCHEIT   *am Telefon* Ja, da nehmen S' a ganz normale Blumentopferde.

DEUTELMOSER   Sie führen hier auf, am 17. 8. haben Sie in der Stadthalle Möhl, haben Sie ein Wiener Schnitzel mit gemischtem Salat und sieben Bier und vorher eine Grießnockerlsuppe konsumiert. Das rechnen Sie hier zu den Herstellungskosten. Also, wenn's überhaupt steuerlich relevant sein soll, sind das doch bestenfalls Vertriebskosten, Kosten beim Witzvollzug quasi.

SÖLL   Nein, nein. Erstens muss ich ja, um in die richtige Stimmung zu kommen, etwas Adäquates zu mir nehmen, und außerdem habe ich ja schon damals zugleich an meinem anderen, neuen Witz gearbeitet.

DEUTELMOSER   Übrigens, sieben Bier is schon allerhand. Sie werden mir doch nicht erzählen, dass Sie die sieben Bier nur und ausschließlich dienstlich getrunken haben. War da keins privat dabei? Mal ganz ehrlich?

SÖLL   Nein. Nein. Nein! Na ja, vielleicht am Schluss eins oder allerhöchstens zwei.

DEUTELMOSER   Na also dann, des gehört doch abgegrenzt. Des is a Schlamperei, des geht doch net.

SÖLL   Mein Problem ist doch: Die Herstellung von Witzen beruht oft zum Teil in der Herstellung von Privatatmosphäre, aus der man dann schöpfen kann.

DEUTELMOSER   Ja, aber guter Mann, wie soll ich denn das dann hier abgrenzen? Des sind dann halt zumutbare Eigenbelastungen. Es tut mir leid. Außerdem, wissen Sie, a Wiener Schnitzel und a Grießnockerlsuppn, das ist keine Verpflegungsmehraufwendung mehr, das is eine Prasserei. Eine Verpflegungsmehraufwendung, das wär, wenn ma, sagn mir mal, noch a Tasse Kaffee zu sich nimmt, sowohl bei der Herstellung wie auch im Vertrieb. *Streicht Schnitzel und anderes.* Ah, noch a Frage, weil Sie haben doch da an Kombi aufgeführt, ich mein, Ihre Witz ham Sie doch zum Teil im Kopf oder auf an Papierl? Wieso brauchen Sie da an Kombi?

SÖLL   Ja, äh, zum Transport von Kollegen zum Beispiel, Zauberer, Showmaster und so …

DEUTELMOSER   Ja, die sind berufsfremd, des hat damit nix zum Tun. Ich mein, was anders is a ganz normale Fahrt zum Arbeitsplatz, also vom Wohnort zum Ort der Herstellung des Witzes und von da bis zu dem Platz, wo Sie den Witz an den Mann bringen. Und zurück natürlich.

WAGUSCHEIT   Ah, Herr Deutelmoser, ich wollt Ihnen nur sagen, ich geh jetzt.

DEUTELMOSER   Jaja, is scho recht.

WAGUSCHEIT   Der Herr Smrch is scho auf'm Weg zu Ihnen.

DEUTELMOSER   Is scho recht.

WAGUSCHEIT   Also dann, ich geht jetzt.

DEUTELMOSER   Ja, is scho recht, gehnga S' nur.

WAGUSCHEIT   Was ich noch sagn wollt, an Bienenstich hab ich Ihnen hintern Vorhang gstellt, zwoa Stück, wie alleweil.

DEUTELMOSER   Ja, is scho recht, dankschön.

WAGUSCHEIT   Also dann, Wiederschaun, Herr Deutelmoser.

DEUTELMOSER   Ja, pfüat Eahna Gott. Also, wie gesagt, Anfahrtswege …

WAGUSCHEIT   Ah, was ich noch sagn wollt, Sie wissen schon noch, morgen wird's a bissl später. Kann sein, dass ich erst kurz vor Mittag komm.

DEUTELMOSER   Jajaja. Is scho recht.

WAGUSCHEIT   Weil ich doch da mein Zahnarzttermin hab.

DEUTELMOSER   Ja, is scho recht.

WAGUSCHEIT   Es is einfach net anders gangen.

DEUTELMOSER   Is scho recht.

WAGUSCHEIT   Also dann, Wiederschaun.

DEUTELMOSER   Ja, Wiederschaun.

SÖLL   Wiedersehn.

WAGUSCHEIT   Wiedersehn.

DEUTELMOSER   Ja, Wiederschaun. *Fräulein Waguscheit geht.* Also, mach mir weiter. Sie führen hier also auf – *liest* – Spenden zugunsten und Förderung eines unbekannten Künstlers. Aber, sagen S' amal, Joe Canaris, des san doch Sie selber.

SÖLL   Mein bürgerlicher Name ist Manfred Söll.

DEUTELMOSER   Aber vorhin haben S' doch selbst gsagt, Joe Canaris.

SÖLL   Ja, schon, aber nur in meiner Eigenschaft als Humorist, als Privatperson heiß ich Manfred Söll, und als Manfred Söll kann ich doch den Künstler Joe Canaris fördern.

DEUTELMOSER   Geh, machn S' Eahna doch net lächerlich, spenden S' lieber ans Rote Kreuz. *Streicht Spende.* Jetzt würd mich amal interessieren, wie sind Ihre reinen Herstellungskosten eines Ihrer Witze? Nur dann können wir die Abschreibungsmöglichkeiten gemäß in Erwägung ziehen.

SÖLL   Ich hab bisher immer digital abgeschrieben.

DEUTELMOSER   Sie Witzbold, des kommt doch für Sie überhaupt nicht in Frage. Sie sind doch quasi, auch wenn Sie jetzt Witzehersteller sind, ein Unternehmer. Oder geben Sie Witze bisweilen in Auftrag?

SÖLL   Nein, nein, ich erfinde sie alle selbst.

DEUTELMOSER   Dann können Sie doch nicht als Unternehmer gelten, sondern doch höchstens als freier Verfasser von Scherzen und so weiter, Sie san ja koa Wirtschaftsunternehmen von Rang. Sie fallen doch in eine ganze andere Proportionalzone. Der Kombi is ja eigentlich scho zviel, aber,

Schwamm drüber, lass mir 'n passieren, ausnahmsweise. *Wenn einer Ihrer Witze mal zur Geltung kommt, das heißt, sich durchsetzt, dann kommt natürlich nur eine degressive Abschreibung in Frage. Wenn dieser Witz sich natürlich schnell verbraucht, dass es sich sozusagen nicht gelohnt hat, dann machen mir eine progressive Abschreibung.*

SÖLL   Nein, linear.

DEUTELMOSER   Nein, progressiv, reden S' net ständig. A progressive Abschreibung. Wenn der Witz einigermaßen ankommt, würd ich vorschlagen, schreiben mir 'n linear ab. Also digital kommt für Sie überhaupt nicht in Frage. Jetzt no was: Sie sagen, Sie arbeiten kontinuierlich als Humorist und verstehn sich als das.

SÖLL   Selbstverständlich. Nur Humorist. Nur.

DEUTELMOSER   Also, Grenzbereiche kommen nicht in Frage? So Conferencen …

SÖLL   Ja, schon, manchmal.

DEUTELMOSER   … oder dass sie mal bloß Bonmots machen oder Kalauer oder irgend so was? Des fällt natürlich abschreibungsmäßig untern Tisch, weil der Erstellungsaufwand ja praktisch null is, andererseits die Rendite beträchtlich sein kann.

Herr Smrch, der Hausbote, kommt mit einer Akte.

SMRCH   Sie haben mich rufen lassen.

DEUTELMOSER   Ja, wegen der Akte Reitmoser-Schwöpf, ham S' es jetzt gfunden?

SMRCH   Die nicht, aber dafür ist die Akte Dillinger wieder aufgetaucht.

DEUTELMOSER   Dillinger, Dillinger, da weiß ich ja gar nix davon, dass die weg war.

SMRCH   Das ist ja auch schon vier Montate her, dass sie verschollen ist.

DEUTELMOSER   Ah, jaja, jetzt glaub ich, kann ich mich erinnern. Geben S' es her. Und den Reitmoser-Schwöpf suchen S' weiter. Bis S' 'n haben, verstanden?!

SMRCH   Selbstverständlich. *Es rattert, er will gehen.*

DEUTELMOSER   Hahaha, so ein Witz, jetzt geht er wieder.

SMRCH   Bitte wer?

DEUTELMOSER   Der Computer. Is des net komisch?

SMRCH   Was?

DEUTELMOSER   Dass er wieder geht?

SMRCH   Ja, ich geh jetzt auch. Wiedersehn. *Geht.*

DEUTELMOSER   Ja, Wiederschaun. Also, wo warn mir … ah, wissen S' was, ich rat Ihnen, nehmen S' die Werbungskosten-pauschale in Anspruch, weil wenn mir Ihr Witzgut auf Herz und Nieren überprüfen, dann bleibt, glaub ich, nimmer viel übrig. Wenn mir genau werdn müssen, dann haben Sie nix mehr zum Lachen. *Streicht alles, sieht nochmals in den Antrag.* Ah, Moment amal. Also, des hier sind – *zeigt auf Summe* – Ihre gesamten Realeinkünfte vom vorigen Jahr?

SÖLL   Ja, warum?

DEUTELMOSER   Ja, dann brauchen mir ja gar nimmer weiter-rechnen, da sind Sie ja unter dem Existenzminimum. Ja, sagen S' amal, wovon leben denn Sie überhaupt?

SÖLL   Wie bitte?

DEUTELMOSER   Wolln Sie an Witz mit mir machen? Da, neh-men S' Ihre Sachen mit, und kommen S' wieder, wenn S' amal was verdienen sollten. Wiederschaun. *Deutelmoser wen-det sich der Akte Dillinger zu, Söll verstaut verständnislos seine Steuererklärung.*

Wurstmax bilanziert

I kenn mi aus. – I kenn de Gwerkschaften, de Briada, de miserabligen. I war selbst jahrelang organisiert. – Fuchzehn Jahre Mitgliedschaft, mir ko ma nix vormachn. Obwohl, jetz bin i ins andere Lager übergwechselt. I bin ja jezta selber praktisch Unternehmer worn, mei eigener Herr sozusagen, weil im Grunde is a Gwerkschaft bloß a Übergangsform zum freien Unternehmertum, a Provisorium quasi. Weil, ma kann doch net a Lebn lang nur organisiert sei, also, meiner Meinung nach gibt's nur zwoa Alternativen: Unternehmer oder Gwerkschaftsfunktionär. Des is dann praktisch a Unternehmer mit Beamtenstatus. – Ich für mein Teil, i bin a Unternehmer worn, und dadurch san de Gwerkschaftler meine natürlichen Feinde. Aber oans muaß ma dem Feind lassn: Gschäftsleut sans, de Gwerkschaften; wenn S' an Kaufhof nehma, was de für an Ramsch verkaufn, des macht Eahna da Hertie nicht nach, und net amal da Neckermann. Oda nehma S' de Neue Heimat, de greislichn Betonbunker da draußt, des Neuperlach – mechst net glaubn, dass Eahna da oana nausgeht und drin wohnt, aba de san doch drin wia de Fliagn. Da ham de Gwerkschaften an unternehmerischen Scharfsinn bewiesn, also de Neue Heimat und der Kaufhof, des san echte Alternativen zur freien Wirtschaft. Renditemäßig san de unschlagbar. Jetz müaßns natürlich für ihre Mitglieder höhere Löhne fordern. Damit de de Mietn da draußt überhaupts zahln kenna. Für mich is des ganze Neuperlach ein einziges Sozialspital. Da hams an guatn Griff doa. Raffinierte Hund sans scho, de ham a Gspür, wo wos geht und wo ned. Weil bei de Krankenhäuser, da mischen se se net ei. Wenn i Schefarzt waar, dad i aa net in d' Gwerkschaft geh, und in de Krankenhäuser hams aa nix zum Suchn, des san kerngesunde Unternehmen, und dene Kranken ko's ja Wurscht sei, was so a Pfleger verdient. Der einzige Nachteil is, dass ma fast nur no Ausländer als Pflegepersonal ham, Nonnen ausgenommen, aba de san ja im Aussterbm. Deitsch san praktisch nur no de Ärzte und de deitschn Patientn. – Auch in da Krise beweisn d' Gwerkschaften a guate Nosn. – Kernforscher miaßn beschäftigt werdn bei dera Akademikerschwem-

me – mir können uns des gar net leistn, Tausende von so Kernfor-
schern, de wo koa Atom macha kenna. Und wenn alle Akademiker bloß no Taxi fahrn, na ham mir koane Akademiker mehr, wo
si mi'm Taxi fahrn lassn. Da zeigns aa an Gerechtigkeitssinn, aber
des bringt natürlich wieda eine gewisse Anonymität mit sich, weil
der einzelne is nix mehr wert, wenn er in der Masse auftritt. Als
Einzelner im persönlichen Kontakt mit dem Chef erreicht man
gewöhnlich mehr. Des san doch auch Menschen. I kann Eahna a
Beispiel sagn aus meiner eigenen Angstelltenzeit: I bin zum Schef
naufganga und habe eine Gehaltserhöhung gfordert. Als Erstes
hat er mir a Zigarrn und an Platz angebotn – die beste Sorte, drei
Mark mindestens. Nachert hat er sich siebn Minutn Zeit gnommen, er hat mir dann das sehr gut erklärt, sagt er: Mir dad er gern
a Erhöhung gebn, jederzeit, an eahm liegt's net, aber er sagt, d'
Gwerkschaftn – da hamma's –, de fordern des für alle Mitglieder,
un' des werd z' teier, und weil d' Gwerkschaftn so lästig fordern,
hab i praktisch koa Erhöhung bekommen. Aber wenn i net selber
higanga waar, hätt i net amal a Zigarrn kriagt, nachert hätt's wieda
da Funktionär graucht. – Schaun S', auch bei mir selber im Unternehmen – ich bin Inhaber von am gastronomischen Betrieb in
Form einer Wurstbude. Einen Angestellten hab i, den Hassan, der
is zu mir kemma und hat mehra wolln, nachert hab ich's ihm in
derselben Form erklärt, wie mir da Schef seinerzeit, allerdings is
der Hassan Nichtraucher. Na is er unverschämt worn und hat mit
da Gwerkschaft droht, na hab i 'n nausschmeißn müaßn. Weil an
und für sich bin i a guatmütiga Mensch und habe für alle Probleme ein offenes Ohr, aber i lass mi doch net erpressn. – Und, sag
ma amoi, aa gsellschaftlich is heitzutog d' Mitgliedschaft eher a
Nachteil, wenn oana net direkt in de oberen Ränge von da Gwerkschaft sitzt. Und da Beweis, dass's aa ohne geht, siecht ma ja an de
Zahnärzte – Notare – Gebrauchtwagenhändler – Makler –, glauben Sie, dass da oana organisiert is? De verdienen meines Erachtens nur deshalb so gut, weil s' net in der Gwerkschaft san und weil
s' net wartn, dass eahna ois von obn her geregelt wird. – Irgend-
wann muaß a jeder Mensch amal selber in d' Händ spuckn und
die Sache in die Hand nehmen, weil die Gwerkschaften san meines Erachtens viel zu zahm. Jetza zum Beispiel: zehn Prozent hams
gfordert, nachert san net amal sechs Prozent rauskemma, und weil

de Flaschen net durchkomma san, hab i meine Würscht net um fuchzehn Prozent erhöhen kennan. Gott sei Dank is da Cörry naufganga, na hab i's damit begründet – weil a Preisgestaltung muaß sei. Des is net so wichtig, was es kostet, sondern eine Begründung muaß her. Des sehng S' aa bei de Ölmagneten, de wo des Geld praktisch direkt anziehn, de können des alles genau belegn und inserieren des sogar in der Zeitung, warum s' mehra verdienan müaßn. – Aber oans muaß ma dene Gwerkschaftn lassn, organisieren, des könnans. De Ersten-Mai-Feiern, Respekt, Spitze – as Bier is schee kalt, da Leberkas ausgezeichnet, und de Redn wern Gott sei Dank aa imma kürza, und daran siecht ma scho, dass's aa koane Probleme mehr gibt. I muaß scho sagn, des is sehr angenehm, also, i geh da heit no hin, obwohl i jetzt a Unternehmer bin und mi des Ganze gar nix mehr angeht, praktisch. – Also, über den Ersten Mai lass i nix kommen.

Eddi Finger oder Advent

VORSPIEL

In seinem Bett liegt Eddi Finger, und die Ruhe der Nacht ist der Pfad,
den der Traum geht, um Eddi einen Besuch abzustatten. Begleitet ist
der Traum von jemand, den Eddi kennen sollte. Bisweilen wird die
Stille von einem kreischenden Auto unterbrochen, oder das Summen
eines Lifts oder das Rauschen von Toilettenwasser zeigt an, dass sich
das Leben von einer Nacht nicht fesseln lässt.

EDDI   *im Schlaf* Mein Gott, der Traum, bist du schon wieder
   da?

TRAUM   Hihihihi, jajaja freilich, Eddi. Als Traum deines Lebens
   habe ich die Pflicht, quasi dir den Weg zu erläutern, denn du
   hast doch kaum mehr Zeit, Eddi, oder, ist es nicht so?

EDDI   Ach du liebe Zeit, nein, ich habe sie lieb, die Zeit, aber
   immer läuft sie mir weg.

TRAUM   Dafür bin ich doch da, damit du das, was sie dir im
   Geschäftsleben nehmen, erhältst. Du brauchst eben Zeit,
   Eddi. Und da habe ich dir jemanden mitgebracht, der jetzt
   sehr viel Zeit hat für dich.

VATER   Mein Lebenswerk – das Werk meines Lebens, meine
   Kraft, mein Ziel, mein Mein – ist zerschmolzen. Der Leicht-
   sinn, die Liederlichkeit eines Sohnes ist wie der Föhn, der alles
   zernagt, was an Bedeutung, an Fantasie eines Irdischen, an
   Gestaltungskraft und Anständigkeit zu verwirklichen war. –
   Finger & Finger.

EDDI   Vater, Vater … *Leiser* Papa, Papa, schon – die Geschäftswelt, ich hab ja alles probiert, aber die Konjunktur, der Markt,
   die Sättigung – Papa, wirklich …

VATER   Und Lorenz & Lorenz, die Konkurrenz?

EDDI   *jammert* … schläft nicht.

TRAUM   Gleich geh ich, Eddi, und nehme deinen Papa wieder
   mit. Hab ich dir ein bissel Angst gemacht, gell? Aber dein
   Papa ist halt noch ein alter Homo Faber, der lässt nicht so

schnell locker, auch wenn er wieder Zeit hat. Servus, Eddi, und viel Spaß in der Geschäftswelt.

EDDI   Danke. Servus. Auf Wiedersehen.

NACHSPIEL

Martha Dinglinger sitzt im Wohnzimmer und rastet.

MARTHA   Ich hab's mir alleweil gedacht, man kann es nur durchhalten, wenn einer hat, was die Geschäftswelt braucht. Aber er hätte halt kein Geschäftsmann werden sollen in dieser Welt. Er ist einfach zu gut, und das ausgerechnet an Weihnachten. Jaja, jetzt sind mir übern Berg, jetzt geht's bergab, heißt's. Ob ich mir nicht vielleicht doch – *steht auf und holt einen Sack aus der Tasche* – ein paar Sachen, ich mein, was waar des jetzt für ein Unterschied, net, wenn ich Sachen putz und statt einem Geld gleich mitnehm oder die Sachen statt einem Geld mitnehm und dann daheim putz. *Sie packt kleine Accessoires, die überall herumstehen, in den Sack.*
Es klingelt. Martha Dinglinger öffnet. Ein unscheinbarer grauer Mensch kommt herein und zeigt einen Ausweis.
So, sind S' schon da? Er ist noch drin, ich glaub, er schlaft noch. Aber er wird sicher bald kommen.

GERICHTSVOLLZIEHER   Ja, dann werd ich mich mal umschauen. Täbris? *Fühlt den Teppich.*

MARTHA   *feierlich* Ja, das ist noch ein Familienstück von der Familie.

GERICHTSVOLLZIEHER   *rollt den Teppich zusammen* Den auf alle Fälle, damit er nicht mehr davonläuft!

MARTHA   Haben S' schon gefrühstückt?

GERICHTSVOLLZIEHER   Ja, da haben Sie recht, nein.

Martha ab in die Küche. Man hört Klimpern. Gerichtsvollzieher blickt sich um und heftet beiläufig einen Kuckuck an den Tisch, sieht dann verwundert einen schönen geschnitzten Christus an und appliziert einen Kuckuck, der das Antlitz des Herrn verdeckt.

GERICHTSVOLLZIEHER   Mein Gott, ja wohin wird das noch führen, wenn das so weitergeht?!

MARTHA   *aus der Küche* Sie sind aber wirklich schon früh da.

GERICHTSVOLLZIEHER   Ja, und das bei dem Personalmangel. Wir sind auf solche Krisen gar nicht vorbereitet, und vor dem Weihnachtsfrieden müssen wir noch vierzig Haushaltungen vollstrecken.

MARTHA   *kommt in den Wohnraum mit einem Tablett und bringt ein Frühstück* Müssen S' doch hungrig sein, wann S' immer so viel vollstrecken.

Gerichtsvollzieher langt kräftig zu, und es schmeckt ihm sichtlich. Martha betrachtet ihn mit Anteilnahme und freundlich.

GERICHTSVOLLZIEHER   *mit halbvollem Mund* Von Rechts wegen dürfte ich das gar nicht zu mir nehmen, sondern müsste…

MARTHA   Geh, Sie werden doch net den Kaffee…

GERICHTSVOLLZIEHER   Nein, nein, den Kaffee selber nicht, aber die Tasse, wo der Kaffee drinnen ist.

MARTHA   Dann kann er aber nicht mehr frühstücken, weil dann schon vollstreckt ist. Vielleicht tun Sie dann das Wapperl erst hinauf, wenn Sie die anderen Sachen erledigt haben, weil er hängt so an seinem Frühstück.

GERICHTSVOLLZIEHER   Es geht alles nach Plan, da kann ich leider irgendeine Ausnahme nicht machen, da der Gang des Vollzugs, also der Vollzugsgang, per se vorgeschrieben ist.

MARTHA   Gibt's da eine Vollzugsordnung?

GERICHTSVOLLZIEHER   Freilich, Gott sei Dank sogar mehrere. Das ist ja das Interessante an meinem Beruf.   Was glauben Sie denn, da steht eine lange Ausbildung dahinter und das soziale Engagement und viel Psychologie, Fingerspitzengefühl, Kunstgeschmack, ja, ich weiß gar nicht, wo ich aufhören soll.

MARTHA   Ja, Sie kennen die Welt, gell?

GERICHTSVOLLZIEHER   Ich weiß zumindest, wie sie endet. Hier – *deutet auf seinen Kuckuck* – ist die Quittung auf Illusionen und Flausen, die in einer sauberen Geschäftswelt nichts zu suchen haben.

MARTHA   Er war zu gut.

GERICHTSVOLLZIEHER   Da haben wir es, zu gut, sprich: Güte, das ist natürlich immer wieder dasselbe. Da kann gepredigt werden, was man will. Schärfe des Auges, gesunde Rücksichtslosigkeit, Nase für die Konjunktur, Skepsis, Fähigkeit zum Antreiben, Belauern, aber all diese Tugenden werden einfach in den Gully geschüttet. Ich frage Sie, wie soll sich denn eine ordentliche Geschäftswelt entwickeln, wenn kontinuierlich solche Ideen herumspuken und offiziell davon geredet wird? Sicherlich, es gibt eine angeborene Güte, mit der könnte man fertig werden, man sagt ja: ein guter Mensch – fast ein Depp. Aber wo kommen wir hin, wenn man die großen Gesetze der Welt einfach ignoriert?

MARTHA   Ein bissel ist die Mutter schuldig. Der Vater, der war nicht so, der war noch einer vom alten Schlag. Seinetwegen hat sich doch der Wimmer erschossen. Sie wissen schon, der alte Wimmer, von Wimmer & Wimmer.

GERICHTSVOLLZIEHER   *strahlt* Jaja, genau, ich erinnere mich sehr gut, der alte Herr Wimmer, da habe ich noch persönlich vollstreckt. Seine werte Frau Gemahlin hat es ja dann auch nicht mehr lange dermacht.

MARTHA   Der Kummer, gell.

GERICHTSVOLLZIEHER   Stimmt, ganz sicher der Kummer.

MARTHA   Der alte Herr Finger hat ja quasi ein Imperium aufgebaut. Aber der Eddi – nein, nein, nein. Ich kann mich noch genau erinnern, der alte Herr Finger wollte immer haben, dass der Sohn frühzeitig lernt, wie man eine Bilanz liest. Aber die Mutter hat ihm immer alles durchgehen lassen und hat erlaubt, dass er Eisenbahn spielt, aber die Mutter war halt auch viel zu gut. Der alte Herr hat immer gesagt: »Habe ich das hier mit gesundem Menschenverstand oder mit deiner Nächstenliebe aufgebaut?« Sie hat dann immer geweint.

GERICHTSVOLLZIEHER   Nächstenliebe, ja, ja, das ist die Wurzel für unsere Arbeit.

Es klingelt.

Na endlich, das werden sie sein.

Martha öffnet, zwei Packer treten ein.

Also dann, packen wir's an.

Die Packer gehen wortlos an das Mobiliar und beginnen, ein Stück nach dem andern abzutransportieren.
Im Nebenraum läutet das Telefon. Eddi Finger springt aus dem Bett und nimmt den Hörer ab.

EDDI   Ah so, ja, ja, verstehe – dann sagen Sie, dass es mit meiner Geduld zu Ende ist, wie – das ist doch mir gleich –, und wenn er den Offenbarungseid schwört – schließlich geht's um ein Geschäft –, wir leben doch heute – jaja, genau – mit Verzugszinsen, und wenn er ein Leben lang daran denkt –, dem hetz ich die ganze Rechtsabteilung an den Hals – *sanfter* – gut, gut, also so machen wir's – und wie gehts Ihnen? Jaja, man will seine Ruhe haben – ja, auch Ihnen frohe und gesegnete Feiertage – schön – Wiedersehen – Wiederschaun –, und kommen Sie gut hinüber. *Er hängt ein. Steht rum und monologisiert.* Das Leben ist ein Grabenkrieg, aber es bietet auch allerhand. Sicher, man wird gedemütigt, aber das Ganze ist nun mal kein Honigschlecken. *Geht zum Adventskalender, öffnet ein Fensterl, entnimmt ein Marzipan und schiebt es sich genussvoll in den Mund, liest laut den Sinnspruch:* »In baldiger Erwartung auf's Christkindlein tun wir gut und machen's Herzlein rein.«
MARTHA   *klopft* Herr Finger, Herr Finger, da sind welche Herren da und und vollstrecken, wenn S' bitte einmal kommen möchten.

Eddi Finger geht in Schlafanzug und pompösem Morgenmantel in den Wohnraum. Die Packer grüßen.

GERICHTSVOLLZIEHER   Guten Morgen, Herr Finger. Entschuldigen Sie, Herr Finger, aber kraft diesen Bescheids …
EDDI   Jaja, ich habe einen Fehler gemacht.
GERICHTSVOLLZIEHER   Ja, ein Ausrutscher im Geschäftsleben, und schon geht's dahin. Aber so ist halt das Leben.
EDDI   Ich habe immer aufgepasst, aber die Methoden der Konkurrenz werden, sagen wir, immer verfeinerter, eine falsche Investition, und schon …
GERICHTSVOLLZIEHER   … sind wir da, gell?

Aber verdunkeln tun Sie nichts, Herr Finger, aber wozu auch, jetzt wo Matthäi …

EDDI   Dann bin ich also sozusagen …

GERICHTSVOLLZIEHER   Genau, wenn Sie aber so nett sein würden und alles an Wertgegenständen, Schmuck, na ja, Sie wissen schon …

EDDI   Selbstverständlich, Sie müssen nur entschuldigen, aber ich bin ein bisschen durcheinander, weil das Ganze hat doch Folgen.

GERICHTSVOLLZIEHER   Natürlich! Nicht nur geschäftlicher Art, sondern auch gesellschaftlich, nicht wahr!

EDDI   Wir wollten über Neujahr nach die Karpaten fahren zum Skifahren, wir sind immer in den Osten gefahren und haben dann da die Sau rausgelassen. Im Sommer haben wir in Ungarn, die ganze Clique, sechs Leute, vier Porsche und zwei BMW, jaja, wir waren ein paar tausend Kubik, jaja, da haben wir ganz schön die Puppen tanzen lassen.

GERICHTSVOLLZIEHER   Ungarn kenn ich nur vom Krieg, aber da haben wir auch gelebt wie die Fürsten. Wir haben, wie man so schön sagt, immer organisiert.

Die Packer tragen ein großes Stück hinaus.

Haben Sie vielleicht schon dran gedacht, auszuwandern? Vielleicht Südafrika oder sonst wohin?

EDDI   Ja, irgendetwas muss ich mir schon einfallen lassen. Ich hab einen Bub, der hätte studieren und dann einmal das Geschäft übernehmen müssen. Diplom-Volkswirt vielleicht, den Doktor machen oder so was, hab ich mir halt gedacht, irgendwie.

GERICHTSVOLLZIEHER   Bildung ist halt ein Fundament. Ich hab eine Tochter, die macht jetzt auch das Abitur, weil ohne Abitur, hab ich zu ihr gsagt, hat ja alles keinen Sinn mehr. Weil, die Zeiten ändern sich, und dann hat sie wenigstens Abitur. Das akzeptiert sogar der Amerikaner oder auch der Russe.

EDDI   Ja, genau. Wir haben ja fast alles, hab ich gedacht. Eine moderne Einbauküche, Teppiche, Antiquitäten, jetzt hab ich gedacht, auf das Abitur kommt es auch nicht mehr drauf an.

*Eleonore Finger, aufwendig gekleidet im Leopardenmantel, erscheint
mit Sohn Freddi, der ebenfalls modern und superlässig erscheint.*

ELEONORE   Was ist denn hier los?

EDDI   Jetzt sind wir so weit.

ELEONORE   Du bist eine Flasche. Ich hab's immer gewusst. Wo
ist mein Schmuck?

FREDDI   Papa, krieg ich ein Geld oder einen Scheck?

ELEONORE   Lass dir von deinem Vater ja keinen Scheck auf-
drehen, er ist pleite!

FREDDI   Von meinem Papa nehm ich schon einen Scheck, gell,
Papa?

EDDI   Ja, lass dir Zeit, du kriegst schon was. Du hast immer
noch was gekriegt zum Gabentisch.

ELEONORE   Ich hab's kommen sehen. Du und ein Geschäftsmann! Aber nie und nimmer. Auch der Zeitpunkt ist natürlich
wieder gut gewählt. Jetzt, wo es auf Weihnachten zugeht.

GERICHTSVOLLZIEHER   Ja, gnädige Frau, wenn ich mir erlauben darf, aber es scheint im Wesen der Katastrophe zu
liegen, sich an keinerlei Termine zu halten.

ELEONORE   Aber in der Weihnachtszeit, das ist ein starkes
Stück, wo sonst nur von einem Boom geredet wird, ausgerechnet da macht der Pleite.

FREDDI   Papa, kannst jetzt mei Ausbildung nimmer zahlen,
Papa?

ELEONORE   Dass er sich untersteht, du wirst ein Akademiker.

GERICHTSVOLLZIEHER   Das Abitur und ein Studium sind
ein Fundament, wenn ich amal so sagen möcht, ohne so etwas
hat man heute kaum mehr Chancen. Das, was man da investiert, das lohnt sich.

EDDI   Freilich, da brauchen mir gar net diskutieren, net, des ist
doch klar, ein Studium, sowieso.

ELEONORE   Das lasse ich bei Gericht bestätigen, und was ich
monatlich krieg, darüber reden wir noch, und jetzt will ich
meinen Schmuck, lass dir ja nicht einfallen, so zu tun, als
könnte er dir gepfändet werden.

FREDDI   Papa, gib mir halt an kloana Scheck wenigstens, i muaß
doch Weihnachtspräsente beschaffen.

EDDI   Jetzt wart halt, Bub.

ELEONORE   Mein Gott, wenn ich an frühere Weihnachten denke, voriges Jahr waren wir in Las Palmas, in einem guten Hotel, da haben wir schick gegessen, alles wirklich fein arrangiert, war auch nicht dieser Pauschalcharakter, und es hat wirklich einen Pfiff gehabt, das Ganze.

GERICHTSVOLLZIEHER   Da unten soll es wirklich sehr schön sein, eine feine Paella zu Weihnachten am blauen Meer, das wär schon was, aber bei uns, o mein Gott, ich komm ja auch kaum mehr weg, weil Weihnachten ist halt immer so ein Familienfest.

ELEONORE   Wie ich hier die Lage so sehe, wird's heuer auch so was wie ein Familienfest, aber ohne mich.

GERICHTSVOLLZIEHER   Ich ess meistens nur ein paar Würstl, gell, und dann geh ich ins Bett, weil am andern Tag gibt's doch die Gans, und das ist immer sehr anstrengend. Aber sonst machen wir alles wegen der Tochter, aber wenn die das Abitur hat, dann lassen wir es bleiben. Aber solange sie noch in die Schule geht, braucht sie halt ein Heim, und da gehört Weihnachten dazu irgendwie.

FREDDI   Papa, kriag ich hernach an Scheck dann wenigstens?

ELEONORE   Jetzt lass ihn halt in Ruhe. Siehst du nicht, dass er pleite ist?

MARTHA   Mein Gott, ich find halt, Weihnachten, mein Gott, des is halt, irgendwie, mir essen immer einen Fischsalat, und mein Mann trinkt gern ein Bier. Mir machen dann immer das Fernsehen an, aber grad um die Weihnachtszeit ist das Programm nicht besonders. Weihnachten und Allerheiligen rentiert sich's kaum, dass man reinschaut.

GERICHTSVOLLZIEHER   Weihnachten ist mehr was für Geschäftsleute, aber die sind halt müde dann am Abend und wollen ihre Ruh. Besser wär's wirklich, man flöge weg, Bahamas oder so.

ELEONORE   Wo ist jetzt eigentlich mein Schmuck?

EDDI   Der Schmuck, ja, äh, der …

ELEONORE   Mein Schmuck, ich habe es fast geahnt, ich hätt's mir denken können, mein Schmuck – schon bevor wir geheiratet haben, habe ich deinen Charakter gekannt, ja, ich hab's gewusst, dass du einmal in ein Schlamassel reinrasselst. Ja, früher, als das Geschäft noch florierte, da warst du ganz der feine Max – geht pleite und verpfändet meinen Schmuck!

EDDI   Aber schau, das kann einem jeden passieren – ich bau halt wieder was auf.

ELEONORE   Was ich alles erduldet habe – deinem Herrn Vater war ich ja nicht gut genug, ich habe ja kein Geschäft mit in die Ehe gebracht, ich sollte ja nur daheim sitzen, nicht mitarbeiten, damit man nicht meint, ihr hättet's nötig, aber jetzt, das sage ich dir, ich gehe, und der – *deutet auf Freddi* –, der macht das Abitur.

EDDI   Aber schau, Schatzi, reg dich doch nicht so auf – rein menschlich ist doch immer alles in Butter gewesen, oder? Ich hab doch immer einmal was springen lassen, das kann mir keiner nachsagen. Ich hab auch daheim immer gsagt, das wäre ein Schmarrn, wenn sie was gegen dich hätten, weil ich hab immer gsagt, dass menschlich, hab ich gsagt, bei uns einfach alles läuft.

FREDDI   Papa, lassts eich jetzt wirklich scheiden?

EDDI   Du geh – das geht dich gar nichts an, misch dich net rein.

FREDDI   Aber die Mama sagt, dass du de Freindinnen, die wo du hast, dass du dene immer ein Geld gibst, und zwar nicht z'wenig, und mir gabadst koan Scheck.

EDDI   Deine Mutter redet immer so Sachen, und außerdem geht dich das gar nichts an.

Es klopft. Martha Dinglinger öffnet, ein Briefträger kommt.

POSTLER   Guten Morgen!

ALLE   Grüß Gott! Guten Morgen!

POSTLER   Herrn Finger, auch ein Einschreiben ist dabei – hoffentlich nichts Schlechtes. *Staunend* Äh, ziehen Sie aus, jetzt vor Weihnachten?

EDDI   Nein, eigentlich nicht, es ist bloß eine Umdisponierung, eine moderne Gesellschaft ist halt mobil.

POSTLER   Ja, genau.

EDDI   Weihnachten nimmt ja auf uns auch keine Rücksicht.

POSTLER   Ja genau.

EDDI   Es ist heute eh alles im Umbruch, wo keiner mehr an nichts glaubt.

POSTLER   Genau.

EDDI   Ein jeder fordert, aber leistn wollns nix.

POSTLER   Genau wie Sie sagen – arbeiten wollns nimmer, und jetzt machens alle ein Abitur, weils nix mehr tun wollen.

EDDI   Genau. Also dann, frohes Fest!

POSTLER   Ja, dann auch Ihnen dasselbe, und kommen S' gut hinüber.

EDDI   Sie auch.

GERICHTSVOLLZIEHER   Frohes Fest also dann.

PACKER   Frohes Fest.

ELEONORE   Frohes Fest.

Während Eddi dem Kuvert einen Zahlungsbefehl entnimmt.

POSTLER   Frohes Fest! *Geht ab.*

ALLE   *etwas gestaffelt* Frohes Fest!

EDDI   Das ist wirklich gemein.

GERICHTSVOLLZIEHER   Aha, ein neuer Schritt bahnt sich an?

EDDI   Man hat seine Ruhe nicht mehr, es macht einem wirklich keine Freude mehr manchmal.

GERICHTSVOLLZIEHER   Sie hätten Beamter werden sollen, wegen der Sicherheit. Ich glaube ganz einfach, dass es egal ist, welchen Beruf man hat, man muss ihn jedenfalls absichern. Ein Kusaa von mir, dem sein Sohn möchte Humorist werden, aber mein Kusaa hat gesagt, er erlaubt's nur, wenn er damit wenigstens auch in die mittlere Beamtenlaufbahn kommen kann. Mein Kusaa sagt, dass wenn einer A 13 ist, dann kommt er schon über die Runden, Witze machen kann er dann immer noch, und wenn keiner mehr darüber lacht, könnens ihn allerhöchstens versetzen. Irgendwo gibt's immer welche, die wo einen Witz gern hören wolln.

EDDI   Genau. Sie haben schon recht, ganz genau …

GERICHTSVOLLZIEHER   Wenn er Beamter ist – hat der Kusaa gesagt –, braucht er mit zweiundsechzig keinen Witz mehr zu machen, und er kann sich zurückziehen. Fehler kann er überhaupts keine großen machen, weil das, worüber

die Leute lachen, praktisch feststeht. Es gibt da Erfahrungs-
werte.

FREDDI   Papa, was ist denn, krieg ich jetzt dann einen Scheck?

GERICHTSVOLLZIEHER   Geben S' ihm halt einen, auch wenn
er nicht gedeckt ist, weil Sie als Vater brauchen sich da nicht
fürchten, in Misskredit kommt höchstens die Bank.

ELEONORE   Sie haben recht, was kann denn das Kind dafür,
wenn der Vater pleite ist. Soll die Bank ruhig haften – die,
wenn sie einen Funken Anstand haben, geben dem Kind das
Geld…

*Willi und Ada kommen herein, indem sie sich an den Packern vorbei-
schmiegen.*

ADA   Hallo, hallo, was ist denn bei euch los, man meint, der
Jüngste Tag ist angebrochen! Na, trefft ihr die Vorbereitungen
zum Fest? Habt ihr schon alle eure Präsentchen versteckt?
Hihihi…

EDDI   Servus, Ada, servus, Willi!

MARTHA   Die Nikoläuse sind aber auch nimmer das, was sie früher waren, mit einem Krampus, der wo für Ordnung gesorgt
hat. Früher, da haben die Krampusse Ochsenfiesel gehabt, und
wenn man erwischt worden ist, dann hat's gestaubt. Bei uns
daheim war jetzt auch ein Nikolaus da, aber die erzeugen ja gar
keinen Respekt mehr.   Als er da war – sicher war's einer vom
Studentenwerk –, hat er gesagt, wir sollten während der Zere-
monie den Fernseher ausmachen. Wir haben dann gesagt,
dass wenn er schon so wenig Angst einflößt, quasi dass des
Kind lieber zum Fernseher hinschaut als zu ihm, dann wärs
sowieso schad um's Geld.

FREDDI   Servus beinand. *Geht ab.*

EDDI   Aber die alten Bräuch sind halt kaum zum Umbringen.

GERICHTSVOLLZIEHER   Jaja, früher, da war etwas los, wenn
ich daran denk, als Kind, man hat einen Respekt gehabt. Das
waren eben alles noch Erziehungs… oder jedenfalls, man ist
auch etwas geworden, und ich glaub, dass wenn einer einmal –
demonstriert Schläge –, dann würde er schon die Löffel spitzen.
Was eine anständige Kindheit ist, wissen die gar nicht mehr.

EDDI   Ja, genau – wenn ich da nur an Weihnachten denk.

GERICHTSVOLLZIEHER   Apropos – *Bestandsaufnahme –*, den Adventskranz können wir dalassen, damit S' ein Lichtlein anbrennen können.

Während die Packer wieder ein Stück raustragen, gehen der Gerichtsvollzieher und Eddi ins Schlafzimmer. Ein Herr vom E-Werk erscheint und trifft Martha Dinglinger, die aus der Küche kommt.

E-WERKSMENSCH   'tschuldigen S', bei Finger?

MARTHA   Der Chef is, glaub ich, da, der kommt gleich. Warum?

E-WERKSMENSCH   Ich hab einen Bescheid, ich soll zudrehen.

MARTHA   Is schon recht, danke, ich richts dann aus, gell?

E-WERKSMENSCH   Gut, dann also, Wiederschaun und ein frohes Fest!

MARTHA   Ihnen auch, gell! *Geht ab in die Küche.*

EDDI   *kommt ins Wohnzimmer; zum Gerichtsvollzieher* Wir waren doch der Motor von dem Ganzen, und von uns hat alles gelernt, net wahr?

GERICHTSVOLLZIEHER   Genau.

Die Packer räumen das Schlafzimmer aus.

EDDI   Mein Gott, und dann das Personal heute, das ist zum Verzweifeln, net, und bei die Türken und so was, des muss man alles anmelden, des is … drum mögn mir nimma investiern, net.

GERICHTSVOLLZIEHER   Ja eben.

EDDI   Die tragende Schicht, net, die wo, praktisch irgendwie, äh … kriegt nix wie Schwierigkeiten. Mir haben doch irgendwie des ermöglicht, auch für die Kultur. Mir haben ein Theaterabonnemaa ghabt, aba ich bin fast nie reingangen, weil ich ja keine Zeit hab, aber mit dem Abonnemaa hab ich alles mitfinanziert. Wenn mir irgendwo auswärts beim Essen waren, haben mir doch nicht immer aufgepasst – ein bekannter Spezi von mir, der wo ein Lokal hat, der klagt auch, es dauert wirklich lang, sagt er, bis einer kommt heute, sich gemütlich hinsetzt, einen Sekt der oberen Klasse trinkt und dabei ein Geld nicht anschaut. Das Verdienen macht gar keinen Spaß mehr, weil s' as einem doch wieder nehmen. Und jetzt, Sie haben's gesehen, meine Frau springt auch ab, obwohl ich mich nie hab lumpen lassen. Wie s' des ghabt hat mit derer Zyste, net, hab ich gsagt, ich zahl ihr auch den Professor Moser, hab ich gsagt, und wenn ich's mit der Geschäftsentnahme finanzier.

GERICHTSVOLLZIEHER   Ach ja, der Moser! Links der Isar.

EDDI   Genau. Der is narrisch gut, ich mein, der Lanzinger is auch gut, aber mehr bei Allergie, und ich hab alles zahlt. Tagessatz und so, alles in Butter. Ich glaub, sie is im Grunde nur deshalb beleidigt, weil sie mitgekriegt hat, dass ich meiner guten Bekannten – Sie verstehn – eine Lebensversicherung gschenkt hab zu ihrem Geburtstag, und einen Abort hab ich ihr auch einmal zahlt. Aber meine Frau braucht sich nicht zu beklagen, weil an einer finanziellen Nestwärme hab ich's niemals fehlen lassen.

MARTHA   *kommt aus der Küche* Herr Finger, also, ich glaub, dass fast alles, was wegkommt, sauber is. Soll ich den Teppich noch klopfen?

GERICHTSVOLLZIEHER   Nein, das ist uns gleich, das braucht's nicht, weil bis zur Versteigerung ist er wieder staubig.

EDDI   Ja, wenn's halt nur noch einmal sein könnt, dass ich noch einmal was aufbau, dann kauf ich mir wieder einen Perser, das ist schon was Schönes und eigentlich preiswert, wenn man denkt, dass da hinten eine Familie mit die Kinder ein paar Monate dran arbeitet, ich möcht's nicht machen. Wie mir in Algerien waren, im Hotel, da haben mir von der Terrasse immer ins Armenviertel reinschaun können. Ja, mir hatten die Wahl, Blick auf's Meer oder ins Armenviertel. Mir haben ein Doppelzimmer ghabt und haben halt immer abgewechselt, da haben mir dann auch gsehn, wie so ein Teppich praktisch gmacht werd, und des Ganze ist auch noch irgendwie rustikal. In Hongkong, da habens auch ein Armenviertel, aber von der Lage net so schön. Es weht auch zu stark der Gestank her, da müsste halt was gmacht werden. Mei, andere Länder, andere Gerüche, gell?

GERICHTSVOLLZIEHER   Ja, da haben Sie recht. Der Deutsche ist halt doch kein Ausländer.

EDDI   Genau.

Das Licht geht aus, graues Halbdunkel vom Tageslicht.

GERICHTSVOLLZIEHER   Naa, also – ja Herrschaft…

Man hört die Packer stolpern.

EDDI   Ach, du lieber Gott, ist es schon wieder so weit?!

GERICHTSVOLLZIEHER   Ja, wie soll denn bei der Finsternis ein Amtsvollzug pünktlich erledigt werden? Haben Sie keine Lichtrechnung mehr bezahlt?

EDDI   Eigentlich schon lange nicht mehr. Die vom E-Werk reagieren prompt.

GERICHTSVOLLZIEHER   Ein Licht, wir brauchen ein Licht!

MARTHA   Ja. Ich hab's schon – Zündhölzer!
    Zündet Adventskerze an.
    Kleine Pause.
    Es is einem ganz traurig, wenn ma sieht, wie traurig des eigentlich is.

GERICHTSVOLLZIEHER   Bei dem Licht merkt man kaum, dass es hier fast leer ist.

MARTHA   *weint* O mei, wenn ich daran denk, was noch werden soll.

EDDI   Passieren kann Ihnen nix, weil mir sind ja schließlich im zwanzigsten Jahrhundert, net.

GERICHTSVOLLZIEHER   Gute Frau – Sie brauchen Ihnen nichts zu denken, es hat Jahrhunderte gedauert, bis mir schließlich so weit gekommen sind bis heute, verstehn S'?

Von draußen anschwellender Gesang von Sternsingern.

> Wir singen euch die alte Mär,
> Die zu begreifen ist gar nicht schwer.
> Im Finstern draußt scheint hell und klar ein
> Stern,
> Die Hoffnung, die Hoffnung, die brauchen wir
> sehr.

Der Heiland im Kripperl, den haben wir gern,
Der Heiland ist der Sohn, den d' Maria gebar.

EDDI   Muss i denen was geben?

MARTHA   Vielleicht jedem ein Zehnerl.

GERICHTSVOLLZIEHER   Vielleicht einen Scheck? Aber mir gilt der Besuch ja nicht, weil ich ja dienstlich da bin.

MARTHA   Geh, aber Sie ham doch auch ghört, wie schön feierlich dass die gsungen haben!

GERICHTSVOLLZIEHER   Ich hab's vernommen, aber mehr als Begleitumstand.

EDDI   *gibt einen Scheck* Aber net einlösen, der is bloß zum Anschaun, gell?

Sternsinger gehen singend ab.
Inzwischen ist alles leer geräumt.

GERICHTSVOLLZIEHER   Ja, ich glaube, meine Leute, wir sind auch so weit. – Herr Finger, des war quasi sehr, Sie verstehn – irgendwie, mein Gott, aber trotzdem schöne Tage noch, und kommen Sie gut hinüber.

EDDI   Danke, sehr freundlich, Sie auch, es war wirklich – Sie verstehn.

GERICHTSVOLLZIEHER   Danke, alles Gute auch weiterhin!

Packer nehmen noch Reste mit und den Teppich.

STIMME   *von draußen* Ja, bitte, wenn Sie dem Herrn Finger Bescheid geben würden, die Heizung wird jetzt abgeschaltet.

MARTHA   Herr Finger, es wird zugedreht, die Heizung ... Ich glaub, ich muss jetzt auch – wissen S', mein Mann kommt heim, und dann krieg ich Angst, wenn ich ...

EDDI   Schon gut, Frau Dinglinger, und wenn wir uns nimmer sehn, kommen S' gut nüber und guten Rutsch.

MARTHA   Ja, Ihnen auch.
In der Stille: »O du fröhliche ... «

Die Packer erscheinen noch mal und wollen ihr Trinkgeld abholen.

Eddi kramt in seinem Morgenmantel, findet kein Geld, aber auch keine Streichhölzer. Er bittet die Packer um Feuer. Ein Packer reicht ihm ein Einwegfeuerzeug. Eddi zündet die Kerzen des Adventskranzes an. Die Sternsinger singen immer noch: »... o du seligehe, gnadenbringende Weihnachtszeit ...«

Der Maßanzug

Anselm, Frederike und Sohn Heinz-Rüdiger Wolf in einem großen Bekleidungshaus. Ein Verkäufer steht herum. Heinz-Rüdiger kommt aus der Umkleidekabine.

VERKÄUFER   Na, der passt aber wirklich wie angegossen. Fabelhaft.

FREDERIKE   Heinz-Rüdiger, drah di um! Ja, des is der für wieviel?

VERKÄUFER   Dreihundertneunundneunzig Mark, gnä' Frau.

FREDERIKE   Und, Anselm? Was moanst?

ANSELM   Vierhundert Mark, ganz schön happig.

VERKÄUFER   Nein, dreihundertneunundneunzig Mark.

ANSELM   Sag i ja, vierhundert Mark. *Zu Frederike* Vierhundert Mark.

FREDERIKE   Ja, Sie, un' wenn mir jetzt eine Nummer größer nehmen, machad des preislich an Unterschied, wieviel tat der dann kosten?

VERKÄUFER   Dreihundertneunundneunzig Mark, gnä' Frau.

FREDERIKE   Also, praktisch dasselbe.

VERKÄUFER   Ja, dasselbe.

ANSELM   Sie, und zwoa Nummern größer, dieser Anzug da? Waar des dann immer noch … preislich, verstehen Sie.

VERKÄUFER   Muss ich mal sehen, ob wir ihn zwei Nummern größer auf Lager haben. *Sucht.* – Ja, wir ham ihn nur drei Nummern größer.

FREDERIKE   Ja, der würde dann aber auch nur dreihundertneunundneunzig Mark kosten, also praktisch desselbe wie der da.

VERKÄUFER   Ja, dasselbe.

ANSELM   Dann dean S' 'n her.

VERKÄUFER   Aber dieser Anzug passt dem jungen Herrn doch hervorragend.

ANSELM   Dean S' 'n her!

VERKÄUFER   Aber drei Nummern größer ist doch dann viel zu groß.

ANSELM   Dean S' 'n her, sag i!

VERKÄUFER   Drei Nummern größer, da schwimmt ja der junge Mann drin.

FREDERIKE   Dann bringen S' 'n halt nur eine Nummer größer.

ANSELM   Naa, zwoa mindestens.

VERKÄUFER   Also, ich bin nach wie vor der Ansicht, dass dieser Anzug optimal sitzt, aber bitte, wie Sie wünschen. *Er holt den Anzug drei Nummern größer.*

FREDERIKE   Heinz-Rüdiger, ziag derweil den Anzug scho wieder aus.

ANSELM   *leise zu Frederike* Der wui uns doch bloß reilegn, dass ma uns nächste Woch scho wieder an Anzug kaffa kenna.

FREDERIKE   Ja, aber drei Nummern is vielleicht doch scho a bisserl viel.

ANSELM   Sei stad!

VERKÄUFER   Schaun Sie sich doch das an. *Er hält den Anzug an den Buben hin.* Den brauchen wir doch gar nicht probieren.

ANSELM   Doch, genau, der, moan i, passt.

FREDERIKE   Heinz-Rüdiger, anziehn!

VERKÄUFER   Das seh ich doch mit bloßem Auge, dass der Anzug viel zu groß is für Ihren Sohn.

FREDERIKE   Die wachsen doch wie die Spargel. Da wachst er ganz sicher scho nei, wissen S' – net dass ma nächste Woch scho wieder zu Eahna kommen, so dick hamma's dann aa wieder net.

ANSELM   *zeigt auf sein Sakko* Da schaun S' her, des is a Qualität. Des hab i seinerzeit, kurz nach'm Ungarnaufstand hab i den kauft, hat damals aa scho fast zweihundert Mark kost. Konn i heit no anziagn.

VERKÄUFER   Ja, aber Ihr Herr Sohn muss sich doch noch in diesem Anzug bewegen können. Man kann's mit der Sparsamkeit auch ein bisschen zu weit treiben, finden Sie nicht? *Heinz-Rüdiger kommt aus der Garderobe. Hände und Füße sind nicht zu sehen, Hängeschultern.*

ANSELM   Ja, wunderbar da, der passt doch. Sehn Sie's, i hab's doch gwusst.

VERKÄUFER   Aber der Herr, ich bitte Sie …

FREDERIKE   Naa, des geht durchaus, ich mein, da muss ma halt derweil a bisserl abstecken, und hinterher kann man's ja wieder rauslassen. Der wachst da scho nei. Ham S' da niemand da, der so was absteckt?

VERKÄUFER   Aber, ich bitte Sie, gnä' Frau, schaun Sie sich doch mal Ihren Sohn an, ist doch unmöglich, ist doch lächerlich.

ANSELM   Na, nix, mir nehma den oder goa koan.

FREDERIKE   I glaub aa, der wachst da scho nei. Ham S' denn niemand da, der des absteckn könnt?

VERKÄUFER   Selbstverständlich, gnä' Frau, sofort, wie Sie wollen. *Er geht zur Haussprechanlage.* Frau Miklosch bitte, Frau Miklosch, bitte zu römisch vier.

FREDERIKE   Wissen S', so an Anzug, den kann er praktisch nur anziehn zu Taufen, Firmungen oder Beerdigungen, und wann hamma des scho, ich mein, den kann er ja so nie auftragn.

ANSELM   Schaun S', und er is jetzt grad in dem Alter, wo, äh, verstehn S', unser, äh, a Großteil unserer Verwandtschaft is jetzt in am Stadium, wo ma praktisch immer damit rechnen muss. Des kommt jetzt aller Voraussicht nach in den nächsten zwei, drei Jahren ois auf amoi auf uns zu.

VERKÄUFER   Glauben Sie wirklich, dass sich der Tod so präzise kalkulieren lässt?

FREDERIKE   Was glauben denn Sie, was mir Verwandtschaft ham. Meine Eltern warn sieben Gschwister. Alle aa wieder mit Kinder. Ich mein, bisher hat er ja im Pullover beerdigen können, aber jetzt halt, ich mein, jetzt is er allmählich aus'm Alter naus.

ANSELM   Oder irgend a Autounfall, und scho muaß er wieder naus auf'n Friedhof. Dann in Grafing mein ganzer Anhang. Des ko sei, dass der mit dem Anzug in de nächsten zwoa Jahr dreißigmal am Friedhof naus muaß.

FREDERIKE   Na ja, dreißigmal nicht, aber zehnmal langt aa scho.

ANSELM   Naa, zehnmal langt net. Des is alloa scho heuer die Tante Theres, beim Gusti is praktisch nur noch a Frage, wann s' de Herz-Lungen-Maschine abschalten, und dann der Herr von Segnitz, die Bea im Altersheim und der Albert. Alles alloa scho heuer.

FREDERIKE   Naa, der Albert stirbt heuer nimmer. Aber die Frau Wenger. Da steht's auf der Kippe.

ANSELM   Ja, aber selbst wenn er 'n Albert heuer nimmer beerdigt …

FREDERIKE   Der Albert stirbt heuer nimmer, da geh ich jede Wette ein. Der stirbt heuer nimmer, weil der Albert is zach, da wett ich.

ANSELM   Selbst wenn er heuer nimmer stirbt, der ko sterben, wann er mag, aber er hat jetzt an Anzug.

Frau Miklosch erscheint.

VERKÄUFER   Frau Miklosch, können Sie diesem jungen Mann den Anzug abstecken?

MIKLOSCH   Aber Anzug viel zu groß für kleines Herr.

VERKÄUFER   Das is auch meine Meinung, aber die Herrschaften bestehen auf diesem Anzug.

Frau Miklosch beginnt abzustecken.

ANSELM   Mir können eahm doch net bei jeder Beerdigung glei an neuen Anzug kaufen.

FREDERIKE   Er is jetzt einfach aus dem Alter naus, wo er im Pullover beerdigt. Schaun Sie, im Schwimmbad muss er jetzt aa scho a Badhosen anziehn. Einen Kindkollegen aus seiner Klasse hams neulich zammgfahrn, na war er der einzige, der wo im Pullover beerdigt hat. Mir ham uns fei direkt geniern müssen, und diesmal wird eahm aa no kondoliert, weil er a nächster Verwandter is. Sei Patenonkel is – verstehn Sie. Ganz plötzlich …

VERKÄUFER   Ah ja, schrecklich.

ANSELM   Aus heiterm Himmel, am hellichten Vormittag. So schnell kann's gehen. – Äh, wo muss ich jetzt da zahln?

VERKÄUFER   Bezahlen können Sie vorne an der Kasse.

MIKLOSCH   Gucken Sie, herschaun, so?

FREDERIKE   Ja, die Schultern san no a wenig breit, aber so schaut er doch ganz ordentlich aus, findst net?

ANSELM   Ja, sehr guat.

FREDERIKE   Ham S' net a Fliege dazu?

ANSELM   Naa, nix, mir ham doch noch den Propeller vom Franz, den hat er geerbt, den hab i im Auto druntn.

VERKÄUFER   Also, Sie wärn damit einverstanden? Dann kann

sich der junge Mann ja wieder umziehn. Wir ändern den Anzug, in einer knappen Woche können Sie beerdigen, so viel Sie wollen.

ANSELM Naa, nix, den muss er glei anbehalten, sei Patenonkel, hab ich Ihnen doch erzählt, Herrschaft, san ma scho wieder spaat dro.

FREDERIKE Heinz-Rüdiger, gib deine Sachen her. *Sie nimmt Heinz-Rüdigers Anziehsachen und stopft sie in ihre Handtasche.* Kimm, mir miaßn uns schickn.

VERKÄUFER Ja, aber Sie wollen doch nicht so …

FREDERIKE Wie lang ham S' 'n auf? Mir können den Anzug ja nach der Beerdigung dann glei wieder vorbeibringen.

ANSELM Der muaß in zwei, drei Tag spätestens fertig sei, sonst stirbt uns der Gusti weg, und er hat koan Anzug.

FREDERIKE Sie, noch a Frage, ist da net irgendwo a Blumengeschäft in der Nähe?

ANSELM Naa, nix mehr, des machen mir am Friedhof. Jetzt kimm, mir san eh scho so spaat.

FREDERIKE Heinz-Rüdiger, gehma.

HEINZ-RÜDIGER *im Gehen* Aua!

ANSELM Jetzt sei net so wehleidig!

FREDERIKE Is doch nur a Provisorium, nach der Beerdigung kommen die Nadeln alle raus.

VERKÄUFER Auf Wiedersehn, die Herrschaften.

ARBEIT
UND SOZIALES

Der Einsame

I. TEIL

Erwin und Käthe Böhm sitzen bei einem Beratungsgespräch im Wohnzimmer Frau Scharp gegenüber, die berät.

SCHARP   Da, hier ist der Vincent Häberle, sechzehn Jahre alt. Er hat beide Eltern verloren. Das hat dann dem armen Jungen also dermaßen einen Schock verpasst, dass sich seine Entwicklung ganz stark verlangsamt hat.

ERWIN   Was, an Deppn?

SCHARP   Nein, er ist durchaus zurechnungsfähig. Der Arme ist halt ganz allein und a bisserle durcheinander seit dem schrecklichen Verkehrsunfall – beide Eltern, überlegen S' sich des amal.

KÄTHE   Naa, sechzehn Jahr, der is ja praktisch a Jugendlicher.

SCHARP   Ja, aber grade so ein junger Mensch braucht doch …

KÄTHE   Naa, na ham mir da so an Jugendlichen umanandsitzn, da wüsstma ja gar net, was mir mit dem anfangen solln. Scho was Gesetzteres.

ERWIN   Aber scho einsam, weil ma will ja helfn.

SCHARP   *blättert* Hier nehmen S' doch da diese Frau Güldemet, zweiundvierzig Jahre, Reinigungskraft. Mutterseelenallein. Die ganze Familie ist ausgewiesen worden.

KÄTHE   Na, koa Ausländerin. Ausländer scho vo Haus aus net, des ham mir ja glei gsagt. De soll doch hoamfahrn.

ERWIN   Außerdem ham ja de gar koa Weihnachtn. De ham ja nur an Ramadan. Da lodn de mi ja aa net ei.

KÄTHE   Wenn mir schon an Einsamen nehmen, muss er wenigstens gscheit Deutsch können.

ERWIN   's gibt doch gnua Deutsche, de wo einsam san. I war ja selber einsam. Des war, wo sie in der Urologischen war. Da war i einsam, des war a Weihnachtn, kann ich Ihnen sagen.

KÄTHE   Drum macha mir ja des Ganze überhaupts, verstehn Sie?

SCHARP   Oder hier, das hier wäre Herr Ottmar Dietz, Kraft-
fahrzeugschlosser. Hat einmal einen Fehler gemacht und ist
dabei auf die schiefe Bahn geraten. Hat aber schon längst …

KÄTHE   Naa, koan Zuchtheisler. Dieser Personenkreis kommt
doch für uns nicht in Frage. Mir macha des eh nur, weil ich
war in der Urologischen vor zwoa Jahr, und mein Mann war
damals furchtbar einsam, und mir is aa schlecht ganga, aber so
a Personenkreis is doch indiskutabel. So oan dadn Sie doch aa
net nehma, oder? Stimmt doch.

ERWIN   Was ham S' 'n noch da?

SCHARP   Vielleicht mehr aus dem Seniorenkreis?

ERWIN   Naa, koan Dadderer.

SCHARP   Nein, nein, hier, Herr Clemens Friedel, Oberstleut-
nant a. D., das ist ein sehr rüstiger älterer Herr. Geistig frisch,
also, der Mann ist vollkommen da, aber, allerdings, wie schon
gesagt, keine einzigen Angehörigen mehr, alles im Osten gelassen.

ERWIN   Ja, des klingt doch recht anständig, den könntma doch
nehmen zum ersten Advent.

SCHARP   Wir betreuen Herrn Friedel schon seit Jahren. Da
hat's noch nie Schwierigkeiten gegeben. Herr Friedel ist sehr
gesellig.

KÄTHE   Moment – kann ich des Foto noch amal sehn?

SCHARP   Bitte, gnä' Frau. *Reicht ihr ein Foto.*

KÄTHE   Ja, aber Sie, der raucht ja, der hat ja a Pfeife im Mund.

SCHARP   Ja, Herr Friedel schmaucht gerne ab und zu vielleicht
mal ein Pfeifchen …

KÄTHE   Naa, so a Pfeifenrauch, der nistet sich ja dermaßen fest,
des is ja …

ERWIN   Sie mog's net. Wissen S' – die Gardinen …

SCHARP   Ja, aber man kann doch ab und zu schon mal ein
Pfeifchen …

KÄTHE   Naa, fangen mir gar net an, mir ham doch gsagt, a
Nichtraucher. – Hamma net gsagt, a Nichtraucher?

ERWIN   Doch, mir ham gsagt, a Nichtraucher. Ich rauch ja scho
seit fünf Jahr nimmer. Sie wern doch noch an Nichtraucher
ham?!

KÄTHE   Ham S' koan Nichtraucher?

SCHARP   Nichtraucher…

KÄTHE   Es werd doch noch an Deutschn gebm, der wo net raucht, aber – sagn mir mal – einsam is.

ERWIN   Halt einer, der für uns in Frage kommt.

KÄTHE   Irgendein Deutscher oder an Beamtn oder so, der wo halt aber aa einsam ist, aber scho was Anständigs.

SCHARP   Nehmen Sie den Herrn Kusiek.

ERWIN   Wie hoaßt der?

SCHARP   Herr Kusiek ist Deutscher. Regierungshauptsekretär bei der Bundespost. Da ham S' was Solides.

ERWIN   Und der wär noch frei?

SCHARP   Meines Wissens, ja. Soll ich Herrn Kusiek für Sie vormerken?

ERWIN   Ja, wenn er einsam is, derf er kemma.

SCHARP   Also nehmen Sie Herrn Kusiek…

KÄTHE   Guat, nehmen mir 'n Herr Kusiek. Aber, Sie, wenn ich amal fragn darf: Wieso is 'n der einsam? Hat der irgendwelche Mackn?

SCHARP   Herr Kusiek ist Junggeselle.

KÄTHE   Also ja – aber des is dann schon irgendwie…

SCHARP   Nein, nein, das geht hundert Prozent in Ordnung. Wir sind ja selber halb staatlich, und unsere Adventspatenschaftsaktion »Macht auf die Tür« ist ja auch mit den Landeskirchen koordiniert. Sie kriegen dann einen Vertrag von uns zugeschickt. Die Aufwendungen für den Einsamen, die Ihnen entstehen, können Sie auch steuerlich geltend machen. – So, dann hättn mir, glaub ich, alles. Herr Böhm, Frau Böhm, ich gratuliere zu so viel menschlicher Wärme und Großzügigkeit. Den Rest schick ich Ihnen dann zu. Also dann, Wiederschaun!

ERWIN   Ja, Wiedersehn.

KÄTHE   Wiederschaun, äh, hallo, Frau Scharp, äh, an Moment noch aber, ah, Sie, äh, spätestens um halb elf muss er fei gangen sein, gell? Zweiundzwanzig Uhr dreißig is Zapfenstreich, spätestens!

ERWIN   Is ja dann aa lang gnua. Weil irgendwia möcht ma ja aa mal sei Ruah ham, oder?

SCHARP   Jaja, das machen wir dann alles schriftlich. Herr Kusiek kommt frühestens bei Anbruch der Dämmerung, ver-

lässt spätestens zweiundzwanzig Uhr dreißig die Adventspatenschaft.

KÄTHE Genau, und dazwischen machen wir's ihm schön. Also,
Wiederschaun!

SCHARP Wiedersehn!

ERWIN Wiedersehn!

2. TEIL

Im Fernseher läuft Werbung. Es klingelt.

ERWIN Mach auf, des is er.

KÄTHE Kimm halt aa mit, deanma 'n gemeinsam empfangen.

ERWIN Also guat – wie hat der ghoaßn?

KÄTHE Woaß aa net. Schaug halt im Vertrag nach.
Es klingelt wieder.

ERWIN Jetzt mach halt auf.

KÄTHE Mach an Fernseher aus, wenn der Bsuach kimmt. Wia
schaugt 'n des aus?! *Käthe öffnet die Eingangstür. Herr Kusiek
steht in der Tür.*

KÄTHE Ja, guatn Abend.

KUSIEK Bin ich hier richtig bei Böhm? Ich komme wegen dieser Adventspatenschaft.

KÄTHE Ja, kemman S' eina.

ERWIN Wie war jetzt gleich der Name?

KUSIEK Kusiek, Wulf Kusiek.

ERWIN Wulf Kusiek, ja, des stimmt. Steht aa do drin, Sie san's.

KUSIEK Ja, ich bin's.

KÄTHE Kommen S' doch rein, legen S' ab, dann machma's uns
gleich gemütlich. – Erwin, leg amal die Platte auf.
Erwin legt Platte auf. Kusiek legt ab.

ERWIN A bisserl a Atmosphäre.

KÄTHE Schön, gell?!

KUSIEK Schön.

3. TEIL

KÄTHE   So, ja, Herr Kusiek, was is 'n? Schmeckt Ihnen der Stollen net? Mögen S' vielleicht a Plätzerl?

KUSIEK   Nein danke.

ERWIN   De san fei guat.

KUSIEK   *knabbert an einem Plätzchen* Selbst gebacken?

ERWIN   Naa, sie backt scho lang nimmer.

KÄTHE   Die san vom Prima 2000 – mit Zimt. Sie kenna ruhig mehr ham. Mir lagern de kartonweise.

ERWIN   Ab einem Karton hat ma's zum Sonderpreis. I find, de schmeckn fast besser wia selberbackn. – Vielleicht an Schluck Kaffee?

KUSIEK   *winkt ab* Danke, nein, die Galle…

ERWIN   Ah so…

KÄTHE   Was?

KUSIEK   Galle.

KÄTHE   Ah ja, Galle. Dann vielleicht an Tee?

KUSIEK   Nein danke, Tee erst recht nicht, das Herz…

ERWIN   Ah so, es Herz. Is scho schwierig, gell?

KÄTHE   Dann vielleicht an Schluck Wein, Herr Kusiek? Mir kanntn 'n ja jetzt scho aufmachn?

KUSIEK   Bedaure, bin Diabetiker.

KÄTHE   Ja, des is a Spätlese, des waar doch was… Vom Prima 2000 ham mir 'n rausdaucht.

Da kauft man recht günstig ein…

KUSIEK   Ach…

4. TEIL

Käthe zündet eine Kerze an.

KÄTHE   So, Herr Kusiek, jetzt würd ich sagn, machma's uns a bisserl feierlich. Des is ja der Sinn der Sache. – Dreh d' Plattn um, Erwin.

ERWIN   Mei, mir ham's halt gmacht, weil i woaß, wia des is, wenn ma einsam is.

KUSIEK   Ach ja.

ERWIN   Weil des war vor zwoa Jahr an Weihnachtn. Da war mei Frau in der Urologischen. Da war ich vielleicht einsam!

KÄTHE   Ja, i scho aa. I war ja allein im Zimmer. De andern ham ja alle hoam dürfn über Weihnachtn.

ERWIN   I hab aa bloß drei Weißwürscht gessn. De hob i halt grad dahoam ghabt.

KÄTHE   Bei uns ham so Kapuzinermönche so Lebkuchen verteilt.

ERWIN   Ja, in der Urologischen hams Lebkuchen verteilt an Weihnachten.

KÄTHE   Naa, net nur in der Urologischen. Die ham aa in der Chirurgischen und bei de HNO-Patientn, de ham aa an Lebkuachn kriagt. *Sie wird immer gerührter.*

KUSIEK   Ach so.

ERWIN   Also, glaubm S' mir's, ich weiß, was a Einsamkeit is. A Vollkornbrot hab i zu de Weißwürscht essn müssn, weil net amal a Brezn da war.

Käthe fängt laut zu weinen an.

5. TEIL

KÄTHE   So, Herr Kusiek, jetzt hol ich uns an Punsch.

ERWIN   Is's scho so weit? Ja, Herr Kusiek, so is des.

Kusiek holt ein Päckchen Zigaretten aus der Tasche. Zündet eine an. Käthe kommt mit Punsch wieder.

KÄTHE   So, jetzad. He, Sie, seit wann rauchen Sie?
Mir ham im Vertrag, dass Sie Nichtraucher sind.

KUSIEK   Oh, Verzeihung. *Macht die Zigarette wieder aus.*

KÄTHE   Na ja, i hab halt gmeint …

ERWIN   I hab aa vor fünf Jahr aufghört. Es is wegn die Gardinen, und's is eh gsünder.

KÄTHE   Aber einmal im Jahr dürfn S' doch auch amal a

bisserl sündign, Herr Kusiek. Jetzt trinkn mir a Glasl Punsch, gell?

ERWIN Muaß aa mal sein. Is ja schließlich Advent. Prost, Herr Kusiek.

KÄTHE Auf Ihr Wohl. Na, schmeckt er?

KUSIEK Doch, sehr.

KÄTHE Des is a fertiger. Vom Prima 2000. I find, der is fast besser, wia wenn ma 'n selber macht.

6. TEIL

KÄTHE Schauts euch doch amal diesen Lichterglanz an. Was so a Kerze an Geborgenheit ausstrahlt.

ERWIN Ja, da kimmt des Elektrisch net mit. Gell, Herr Kusiek?

KUSIEK Ja.

KÄTHE Und dann san Sie praktisch ständig einsam?

KUSIEK Ja, leider.

ERWIN Ja, des dauert lang, bis ma sich daran gewohnt. Aber, ma gwohnt sich an alles. Der Mensch ist ein Gewohnheitstier. Stimmt's, Herr Kusiek?

KUSIEK Tja…

KÄTHE Aber wenn er mal nimmer lebt, i glaab, i koch mir dann nix. Weil wenn ma aloa is, für was soll i dann kochn?

ERWIN Kochn Sie für Eahna dahoam, Herr Kusiek?

KUSIEK Kaum.

KÄTHE Gell, des rentiert si net?

7. TEIL

KÄTHE Ah, Herr Kusiek, dass mir's net vergessn: Sie müssen noch unterschreibn, dass Sie da bei uns warn.

ERWIN Wissen S', 's is nur wegam Finanzamt, weil nur dann kann ma des steuerlich absetzn, dass Sie da warn.

KÄTHE Mach amal a Licht, sonst sieht er ja nix, der Herr Kusiek.

KUSIEK Der Kuli schreibt nicht.

ERWIN   Da, schreibm S' mit dem.

KÄTHE   Was is, mögn mir jetz vielleicht a bisserl was Herzhaftes? Ich mach uns a Salamibrot oder so.

KUSIEK   Nein, leider, der Magen.

ERWIN   Ah so, der Magn. Aber mir bringst a Salamibrot, und na bringst ma glei a Bier. I konn des siaße Zeig nimmer sehn.

KÄTHE   Aber vielleicht mag der Herr Kusiek noch an Punsch?

KUSIEK   Nein, danke.

ERWIN   *zu Kusiek* Oan, zwoa Schluck von dem Punsch, na kriag i allweil Sodbrennen.

KUSIEK   Ich auch.

ERWIN   Gell, Sie auch?

8. TEIL

Erwin und Käthe kauen am Salamibrot. Kusiek ist gerade nicht da.

KÄTHE   Was moanst 'n, was der verdient?

ERWIN   Mei, ah, vielleicht is er A zwölf oder …
Kusiek kommt gerade zur Tür herein.

KÄTHE   *kaut noch* Mögn S' net doch noch vielleicht so a Salamibrot, Herr Kusiek? Des is wirklich ganz was Leckeres.

KUSIEK   Nein danke, im Moment …

KÄTHE   Diese Salami Mailänder Art is es Beste an Wurscht, was der Prima 2 000 zum Bieten hat. Grad so in geselliger Runde schmeckt's überhaupt am bestn.

ERWIN   Was kimmt jetz?

KÄTHE   Mögn S' lieber an Krimi im Zweiten oder »Wer bin ich?«, des Ratespiel?

ERWIN   Is ja wurscht. Schaun mir halt amal nei. *Er startet den Fernseher per Fernbedienung. Zu Kusiek* Is scho a Segen, so a Fernbedienung.

KÄTHE   Im Dritten kammad so a oider Spielfilm.

KUSIEK   »Mord im Orient-Express«.

ERWIN   Gell, Sie schaun aa ab und zu?

KUSIEK   Na ja …

ERWIN   Mir schaun eigentlich ganz seltn.

Alle drei gaffen.

KÄTHE   Aber wenn mir Bsuch ham, na schaltn mir meistens glei
wieder aus.

ERWIN   Was kimmt 'n im Zwoatn? *Erwin schaltet um.*

9. TEIL

ERWIN   Was kimmt 'n im Österreicher? *Er schaltet per Fernbedienung um.*

KÄTHE   Ja, Herr Kusiek, ich will Sie nicht drängen, aber jetz
kemman dann gleich die Tagesthemen. Mir ham doch zweiundzwanzig Uhr dreißig verabredet – meines Wissens. Des
soll also durchaus kein Rausschmiss sein, aber so allmählich …

ERWIN   Wissen S', mir wolln halt aa amal a bisserl unter uns
sein. Grad in der stadn Zeit braucht ma a bisserl a Besinnung.
Aber es war doch durchaus nett, oder?

Der Suizid

AMERSMEIER   Grüß Gott, Frau Tiloo. Wie geht's?

TILOO   Ja, guten Tag, Frau Amersmeier. Haben Sie's schon ghört?

AMERSMEIER   Gestern hat sich der Herr von Siednitz, hat er sich neingschossen mit em Kleinkalibergwehr, hat er sich selber neingschossn, und grad gschpritzt hat's, und alles war voller Blut.

TILOO   Ach du liebe Güte. Nein ... Herr von Siednitz?

AMERSMEIER   Jaja, ma sagt, er muaß, irgendan Grund wird er schon ghabt habn, dass er's gmacht hat, net? Und dann ist er ja auch entdeckt wordn, net. Aber i find, das isch scho lang her, dass sich bei uns einer umbracht hat.

TILOO   Aber bedenken Sie, das Ehepaar Opitz erst voriges Jahr.

AMERSMEIER   Ja, na ja, was heißt das? Die haben sich ja eigschläfert mit diese Tabletten.

TILOO   Ja aber, aber, das war doch fürchterlich, das war doch grauenhaft.

AMERSMEIER   Ja, also, ich kann, also, sagn wir mal, das war halt in dem Sinn, so richtig umbracht habn se sich net, net, also wenn Sie mich fragn, also des war kein gscheiter Suizid.

Reste-Essen

In Tante Marias Altersheimwabe. Waltraud und Tochter Magda räumen zusammen. Zwei Packer tragen gerade ein Möbelstück weg.

WALTRAUD   Do, de Bücher duast alle auf oan Haufn, de soll der Heinz mitnehmen, wenn er mag. De Illustrierten aa. Des oide Radio duast am eh aa no dazua.

MAGDA   Obwohl, kanntma des net ins Bad dua?

WALTRAUD   Ah, lassn am Heinz, so a Glump brauchen mir net. Und na hat er aa was.

MAGDA   Naa, Mutti, wenn mir ihm den Radio dalassn, na fragt er glei, wo is 'n der Fernseher?

WALTRAUD   Na nehman mir 'n halt mit und schmeißn an dahoam weg.

MAGDA   Da, der Stuhl?

WALTRAUD   Aa weg damit.

MAGDA   *stellt den Stuhl weg* Du, Mutti, aber schaug amal, ob des net vielleicht a Antiquität ist?

WALTRAUD   Der Stuhl? Ah geh.

MAGDA   Sog des net. Des liest ma jetz immer öfters, in der »Carmen« hams an ganzen Artikel bracht, nur über so alte Möbel.

WALTRAUD   Ja, alt is er, aber d' Maria hätt ja nie a Geld ghabt für an wertvollen Stuhl. Der da is doch a alts Glump.

MAGDA   Sog des net, die Leut erkennen des oft net, was für Schätze dass s' ham. Da, schau dir des Ornament an, Mutti …

WALTRAUD   Ja, da fallt ma aa ei, d' Maria hat se nie draufgsetzt, die wollt 'n schonen.

MAGDA   Vielleicht hats es gwusst, dass er wertvoll ist.

WALTRAUD   Wenn d' Maria gwusst hätt, dass der wertvoll is, hätts es fei niemand gsagt.

Die beiden begutachten den Stuhl jetzt genauer.

WALTRAUD   Weißt was? Mir nehmen den Stuhl jetz auf alle Fälle mit und lassn ihn amal begutachten.

MAGDA   Und wenn er dann wirklich nix is, dann könnma 'n allweil no am Heinz schenken.

HEINZ   *in der Tür* Was könnts am Heinz schenken?

WALTRAUD   Ah, grüß dich, Heinz, naa, mir ham grad gsagt, weil du ja scho de Bücher kriagst von der Tante Maria, praktisch die gesamte Bibliothek ... *Deutet auf armseligen Bücherhaufen.* Jetz ham mir uns denkt, ob du den Stuhl aa no wuist, und sovui is der wahrscheinlich eh net wert.

HEINZ   Was? Der Stuhl? Des is a Antiquität. Des is a Jugendstil oder a Barock. Oder von de Fiaß her könnt's aa a Empire sein. Oder zwoa gemischte Stilrichtungen.

WALTRAUD   Du kannst an ja eh net brauchen, jetz ham mir dir schon de ganze Bücherei lassen ...

MAGDA   Du, Mutti, i find, des Radio gebm mir eahm aa no, am Onkel Heinz.

HEINZ   Warum wollts ihr den Stuhl? I kann den Stuhl scho brauchen. Übrigens, wo is mei Regulator?

MAGDA   Welcher Regulator?

HEINZ   Mei Regulator, des war a Leihgabe.

WALTRAUD   Red doch koan Schmarrn, den hat d' Tante Maria mir schon zu Lebzeiten versprochen. Den hab i scho lang einpackt. Da, des ghört aa no zu de Bücher. *Legt einen Schmöker auf den Bücherhaufen.*

MAGDA   War de Lampn da herin, ober ghört die aa der Maria?

HEINZ   Deanma s' derweil runter. Wo san d' Sicherungen? *Sucht, schaltet Sicherung ab.* Guat, dass i a Werkzeug dabeihab. *Zieht Schraubenzieher heraus, beginnt zu montieren.*

WALTRAUD   Heinz, brauchst du an Eisschrank?

HEINZ   Naa ...

MAGDA   Na lassn mir 'n da, dad i sagn.

WALTRAUD   De wern doch an Sperrmüll oder so was ham. Und was machen mir 'n mit'm Vogel?

HEINZ   Jessas, der Vogel.

MAGDA   Tierschutzverein ...
Ein Pfleger kommt zur Tür herein.

PFLEGER   Kann man hier jetz schon saubermachen? Ja, Sie, was machen Sie mit der Lampe?

HEINZ   Ah so, die ghört zum Heim? *Geht vom Stuhl.*

WALTRAUD   Ah, Sie, Herr, ham Sie vielleicht a Verwendung für diesen Eisschrank da?

PFLEGER   Mei, lassn S' 'n halt amal da.

WALTRAUD   Ja, und, äh, Sie, äh, Herr, Sie ham doch den Vogel da von meiner Tante allweil … können S' den vielleicht aa brauchen?

PFLEGER   I nimm an scho. Ist sonst no was?

HEINZ   Ach, was halten Sie von dem Stuhl?

PFLEGER   Naa, den kann i nimmer brauchen, dean S' den auf'n Sperrmüll.

WALTRAUD   Dankschön, mir ham's dann aa glei.

Pfleger ab.

HEINZ   Der Mann hat keine Ahnung.

MAGDA   Gott sei Dank, sonst hätt er 'n der Tante Maria vielleicht scho abgluchst.

HEINZ   *untersucht den Stuhl* Also guat, i hab ma's überlegt: Behaltets es meinetwegen den Regulator, i nimm mir halt dafür dann den Stuhl da.

WALTRAUD   Ja, he, he, he, du hast ja scho de ganzen Bücher und an Radio …

MAGDA   Und an Eisschrank hättst aa ham können …

HEINZ   Und ihr? Ihr habts as ganze Gschirr. Und die Bilder san aa scho weg.

WALTRAUD   Ja, du bist ja aa viu spater kemman.

HEINZ   Des is mir jetzt egal, i nimm jetzt den Stuhl, mit'n Rest könnts macha, was wollts.

WALTRAUD   Naa, na machma's ganz anders: Na gehen mir jetzt gleich alle mitanander zum Kunsthändler und lassn den Stuhl schätzn, und der Gewinn geht dann in drei Teile …

HEINZ   Naa, Moment, Moment, durch zwei teilen mir, ihr seids ja bloß eine Partei! *Geht mit dem Stuhl voraus.*

WALTRAUD   Naa, durch drei werd teilt …

MAGDA   *hat einen alten Fußschemel unterm Bett vorgezogen* Du, Mutti, schau mal!

WALTRAUD   Pst …

Magda schiebt den Schemel wieder unters Bett.

WALTRAUD   *laut* Also gut, Heinz, machma's aso.

JUGEND, FAMILIE, FRAUEN UND GESUNDHEIT

Die Notaufnahme

1. PHASE

An einem Nebentisch hinter dem Notaufnahmeschalter sitzen Hermann Böhm, Nachtportier, ein Wach- und Schließmann namens Skipp, Hassan, ein Pfleger, und Herr Retzer, ein Patient, und spielen Karten.

BÖHM   Und Schelln und Schelln und no mal Schelln und an Unter. Also, her damit. Des war jetzt Schellnsolo mit fünf Schneider, pro Nase eins zehn, meine Herren.
Professor Maiwald verlässt im Smoking die Klinik.
Ah, Herr Professor, san S' unterwegs? – Skipp, du gibst. Also, viel Spaß auf'm Medizinerball.
Professor Maiwald grüßt mit der Hand. Eine besorgte Frau zupft den Professor am Ärmel.

FRAU   Hat ma scho was ghört?

PROFESSOR   Ja, ja, is alles, äh, Wiederschaun. *Geht.*

BÖHM   *zur Frau* Der Professor hat jetzt koa Zeit, aber des is alles, äh, warten S' halt noch …

PFLEGER   Hermann, heb ab!

BÖHM   Bin scho da.

RETZER   *in Schlafanzug und Morgenmantel* Hat no oana a Zigaretten für mi?
Böhm gibt Retzer eine Zigarette.
Merci.
Während Skipp austeilt, dringt aus dem Lautsprecher eine Durchsage:

STIMME   Herr Abdul Rachmann, bitte dringend auf Zimmer hundertsiebenundzwanzig. Herr Abdul Rachman, bitte dringend auf Zimmer hundertsiebenundzwanzig.

BÖHM   Hat die Oide wieder ins Bett gschissn. Hast des ghört, Hassan? Nauf!

SKIPP   Aber die Runden wird no fertiggspuit.

BÖHM   Ja, des oane Spui lauft scho allweil no.

Die vier spielen Karten. Ein Rotkreuzwagen kommt mit Blaulicht und Sirene angefahren. Fahrer und Pfleger steigen aus, reißen hinten die Tür auf und schieben einen schwer verletzten Motorradfahrer in die Notaufnahme.

PFLEGER Hallo!

BÖHM *ins Kartenspiel vertieft* Jetzt bin i spannt, ob er die Herzsau hat.

PFLEGER Hallo!

SKIPP Und her damit.

PFLEGER Hallo!

BÖHM Mechst net glauben ...

PFLEGER Hallo, Sie, wir haben hier einen ...

BÖHM Hassan, du gibst.

PFLEGER Ja, hallo, hier, Sie ...

BÖHM Ah, gar so pressiern wird des aa wieder net. Also, was gibt's?

PFLEGER Wir haben hier einen akuten Notfall, vermutlich Schädelbasisbruch.

BÖHM *geht ans Telefon, wählt, dabei* Auauau, des is ... ja ... ja, Frau Doktor Brinkmann, kommen S' gschwind owi. Mir ham grad an Notfall reinkriegt. Ja, i glaub, is scho dringend. – Is guat! *Hängt ein.* Ja, der Professor is auf'm Medizinerball. Die meisten san heut auf'm Medizinerball. Heut is's schlecht. Wo is er denn versichert?

PFLEGER Weiß ich doch nicht! Ich weiß ja nicht mal, wie der heißt.

BÖHM Ja, aber irgendwo muss er doch versichert sein!

SKIPP *ruft* Hermann, was is, jetzt kimm halt!

BÖHM Ham mir glei. I kimm scho. Jetzt stellt's halt derweil amal fest, wie er heißt und wo er versichert is, äh, d' Ding kimmt gleich. *Er geht zum Kartenspielereck zurück, schaut seine Karten an.* I hab a Weiter.

PFLEGER Ja, aber, Sie, hallo, he!

BÖHM Sie kimmt scho, sie is scho unterwegs.

RETZER I dad mit der Blauen ...

SKIPP Mit der Blauen, der Genauen. *Spielt an.* An Trumpf hat a jeder.

Frau Doktor Silvia Brinkmann erscheint und sieht sich um.

DR. BRINKMANN   Ja, Herr Böhm?

BÖHM   *zu den Mitkartenspielern* Glei. *Legt seine Karten ab.*

SKIPP   Jetz, he, des is doch koa Spui net …

Die besorgte Frau geht zu Frau Doktor Brinkmann.

FRAU   Hat ma scho was ghört?

DR. BRINKMANN   Ach, jaja, das is, ja, äh, ja, was is jetzt?

BÖHM   Da. *Deutet.*

Pfleger fährt den Schwerkranken näher.

Da, Motorradunfall, Schädelbasisbruch.

DR. BRINKMANN   *zu Böhm* Haben Sie schon mit Maiwald selber gesprochen?

BÖHM   Der is doch auf'm Ball!

DR. BRINKMANN   Ach ja, richtig. Wo is er denn versichert?

BÖHM   Unbekannt.

PFLEGER   Jetzt schaun S' 'n sich doch amal an, der is ja scho bald am Wegschnappn.

DR. BRINKMANN   Tja, der müsste vor allem reanimiert werden, aber unser Reanimationsaggregat ist seit vorgestern defekt. Sie, das tut mir furchtbar leid, aber …

PFLEGER   Ja, was solln mir denn mit dem machen?

DR. BRINKMANN   Oben haben wir zwar schon ein neues, amerikanisches Modell …

PFLEGER   Ja, dann schließen S' 'n doch da an.

DR. BRINKMANN   Ja, das hat seine Schwierigkeiten, tut mir leid, aber das is noch nicht vom TÜV abgenommen, des kann ich unmöglich verantworten.

PFLEGER   Ja, aber …

DR. BRINKMANN   Dieses Gerät hat in den Staaten schon manches Leben gerettet, zugegeben, aber wenn da irgendwas passiert, ohne TÜV, dann is der Teufel los, tut mir leid. Ehrlich.

BÖHM   Bringts 'n doch nach Murnau, de san auf ois eingestellt. De nahn eahm zamm, aa wenn er koan Kopf mehr hat.

Der Patient stöhnt.

DR. BRINKMANN   Nein, das dauert viel zu lange, nein, nein, nein, den müssen Sie gleich hier … versuchen Sie's links der Isar, die sind für solche Sachen ausgezeichnet …

PFLEGER   Ja, und Sie können gar nichts …

DR. BRINKMANN   Nein, ich sag es Ihnen doch, unser Reanimationsaggregat ist defekt. Beeilen Sie sich, der Mann sieht nicht mehr allzu gut aus. Schnell, beeilen Sie sich!

SKIPP   Ja, Hermann, was is denn?

BÖHM   Ja glei, i kimm ja scho.

DR. BRINKMANN   Herr Retzer, was machen denn Sie noch da herunten? Sie gehörn doch ins Bett. Marsch, marsch!

RETZER   Mei, i hab halt, hm … *Brummelt irgendwas.*

DR. BRINKMANN   Herr Böhm, wie können Sie zulassen, dass hier die Patienten mitten in der Nacht so rumsitzn?!

BÖHM   Ja, des ham mir glei. Jetzt schaun S', dass S' naufkommen! Sie ham da herunten nix verlorn. *Retzer geht raus. Frau Dr. Brinkmann läuft dem Pfleger nach.*

DR. BRINKMANN   Äh, hallo, junger Mann, äh, wenn sich bei dem Patienten irgendetwas, ich meine, man hofft ja sowieso nur das Beste, aber sollte, ich meine, Sie verstehen, äh, wir suchen hier händeringend eine Niere, also, im Fall des Falles, im äußersten Falle, äh, denken Sie an uns, ja?

PFLEGER   Wie bitte?

DR. BRINKMANN   Ja, ich meine, sollte der Patient, äh, was ihm ja niemand wünscht, äh, wir suchen dringendst eine Niere.

PFLEGER   Ah so. *Schiebt den Motorradfahrer in den Wagen und macht die Tür zu.*

BÖHM   *gibt Retzer eine Zigarette und sein angebrauchtes Bier* Da, Pauli, kimmst halt nachher wieder, gell?

RETZER   Jaja, is scho recht. De Goaß! *Er geht.*

SKIPP   Ja, was is jetzt? Spuin mir derweil an Dreier? *Er sortiert die Siebener und Achter aus dem Kartenspiel heraus.*

DR. BRINKMANN   Herr Abdul Rachman, vor einer halben Stunde hab ich Sie schon nach Zimmer hundertsiebenundzwanzig gerufen. Ham Sie das denn nicht gehört? Die Patientin hat wieder eingekotet. Die können Sie doch nicht einfach so liegen lassen – ja, was is denn da los?

HASSAN   *blickt auf Frau Dr. Brinkmann, die wartend neben ihm steht.* Muss!

Die beiden gehen ab.

SKIPP   Jetzt geht ja da goa nix mehr zamm.

BÖHM   Dean mir halt derweil wattn.

2. PHASE

Mitternacht, Radiomusik, eine Putzfrau, Herr Böhm, Skipp, eine Nachtschwester, der Hausmeister, Frau Dr. Brinkmann und Herr Retzer sitzen herum. Es ist Mitternachtspause. Böhm hat sich gerade einen Kaffee eingeschenkt.

BÖHM   Sie aa an Kaffee, Frau Doktor?

DR. BRINKMANN   Ja, bitte, schwarz und zwei Stück Zucker.

BÖHM   Ja, i woaß scho, wia allweil halt.

Ein Notarztwagen kommt mit Blaulicht angebraust. Hassan und Skipp kommen mit drei großen Plastiktüten eilig aus dem Notarztwagen.

DR. BRINKMANN   Herr Retzer, wenn Sie hier immer noch herumgeistern, könnten Sie wenigstens in meiner Gegenwart das Rauchen einstellen.

RETZER   Ja, äh, 'tschuldigen S', Frau Doktor.

BÖHM   Da hast an Aschenbecher, Pauli.

SKIPP   So, da san die Cheeseburger, und des san Hamburger.

BÖHM   Und wo san die Pommes frites?

SKIPP   Die hat der Hassan.

HASSAN   Und Ketchup.

BÖHM   Sie habn oan Hamburger und oan Cheeseburger ghabt, Frau Doktor?

DR. BRINKMANN   Ja, danke, und Pommes.

BÖHM   Hassan, fssst.

Die Hamburger, Pommes frites, Cola etc. werden verteilt. Im Hintergrund kommt wieder ein Krankenwagen mit Blaulicht angefahren. Die bekümmerte Frau geht wieder zu Frau Dr. Brinkmann.

FRAU   Hat ma schon was ghört?

BÖHM   Frau Doktor, hat ma scho was ghört?

DR. BRINKMANN   Wo?

BÖHM   Da, die Frau Dings.

DR. BRINKMANN   Nö.

BÖHM   Na, aber mögen S' an Hamburger? Mir hättn no oan da. Er is no fast hoaß. No net kalt.

FRAU   Naa, i kriag jetzt koan Bissen nunter.

BÖHM *zur Putzfrau* Frau Dings, mögen Sie oan? Noch nicht kalt.

Die Putzfrau hebt ihr mitgebrachtes Brot hoch und winkt ab.
Die beiden Pfleger von vorhin kommen wieder.

PFLEGER *hört den Schluss* Ich könnt jetzt einen gebrauchen.

BÖHM Ja, aber wen habt S' 'n jetzt dabei?

PFLEGER *isst den Hamburger; mit vollem Mund* Immer noch derselbe. 's is nicht zu fassen.

BÖHM Zwei achtzig.

DR. BRINKMANN Was?

BÖHM Der Hamburger macht zwei achtzig.

PFLEGER Ah ja. *Er zahlt und erzählt dabei* Links der Isar, Barmherzige Brüder, Vierter Orden, Kreiskrankenhaus, Privatklinik Doktor Schönböck, nichts zu machen, überall Medizinerball.

BÖHM Ja, heit is's schlecht. Heit is's ganz schlecht. Heit hät er si net derrennen solln.

SKIPP Hermann, hast du an Senf?

BÖHM An Senf? An siaßn oder an scharfn?

SKIPP An scharfn.

BÖHM In der Zeit hättets 'n aa leicht nach Murnau gfahrn.

PFLEGER Frau Doktor, können Sie nicht vielleicht doch irgendwas …?

DR. BRINKMANN *mit vollem Mund* Ja, ich kann ihn mir ja noch mal anschaun, aber ich kann Ihnen jetzt schon versichern, das überschreitet meine Möglichkeiten hier. Zumal unsere Reanimationsmaschine … hab ich Ihnen doch bereits gesagt.

PFLEGER Können S' ihn nicht wenigstens provisorisch a bisserl …

DR. BRINKMANN Mit ein bisschen ist das nicht getan, das Risiko kann ich nicht eingehen. Waren Sie schon im Großklinikum?

PFLEGER Ja, des stimmt eigentlich. *Zu seinem Kollegen* Wieso sind mir da nicht draufkommen?

DR. BRINKMANN Das Großklinikum, das ist für solche Fälle optimal eingerichtet. Ich versteh gar nicht, dass Sie da nicht gleich ins Großklinikum … Wie geht's dem Mann denn überhaupt?

PFLEGER   Ganz schlecht.

DR. BRINKMANN   Ja, dann beeilen Sie sich doch. Los, los, fahren Sie!

BÖHM   I ruaf derweil scho o, dass es unterwegs seids.

DR. BRINKMANN   *geht dem Pfleger nach und hält ihn noch mal auf* Aber, äh, wie gesagt, äh, sollte der Fall eintreten, dem wir niemandem wünschen, Sie verstehen, dann denken Sie doch bitte an mich.

PFLEGER   Ja, wieso denn?

DR. BRINKMANN   *sieht sich um* Die Niere!

PFLEGER   Ach ja, natürlich.

3. PHASE

Morgennebel, vier Uhr früh, die bekümmerte Frau schläft auf einer Bank, Böhm liest eine Illustrierte, aus dem Radio kommt noch die leise Musik von Jaroslav Proschek. Ein Kioskmann kommt mit Zeitschriften, Obst usw.

BÖHM   Morgn, Heinz.

KIOSKMANN   Griaß di, Hermann. *Weckt die Frau.*

FRAU   *reflexartig beim Erwachen* Hat ma scho was ghört?

KIOSKMANN   Ja, Sie können da net umanandflackn, i muaß jetzt da her.

FRAU   *zu Böhm* Hat ma scho was ghört?

BÖHM   Naa, no nix.

Der Rotkreuzwagen fährt wieder vor, ohne Blaulicht. Pfleger steigt aus und winkt Böhm. Böhm nimmt den Telefonhörer ab und wählt. Die beiden Pfleger laden den Patienten aus, der jetzt eine Decke über dem Kopf hat.

BÖHM   Ja, äh, Frau Doktor Brinkmann, Eahna Niere waar jetzt da.

Besuch am Krankenbett

Beppi Zapf liegt im Bett eines Krankenzimmers und scheint krank zu sein. Zur Tür herein kommen Herr und Frau Zapf und Zapf junior. Frau Zapf hält einen verpackten Strauß Blumen in der Hand.

FRAU ZAPF   Grüß dich, Onkel Beppi, wie geht's dir denn?

BEPPI   Ja mei, es muaß. Nett, dass 's amal vorbeischaugts.

FRAU ZAPF   *zum Junior* Sag schön grüß Gott zum Onkel Beppi.

BEPPI   Was macht er in der Schule?

JUNIOR   Wann gehen wir denn?

   Herr und Frau Zapf setzen sich, der Junior stöbert unruhig im Zimmer herum.

BEPPI   Da Professor Hasenböck hat gmeint, ich halt mich sehr gut. Wenn ich so weitermach, kann ich in … fünf, sechs Wochen kann's dauern, na kann ich scho wieder a Knäckebrot essen, hat er gsagt. Ich hab's ja noch gut. Erst vorgestern hams ein eingliefert, Kunstmaler, glaub ich, war er, der hat a Totalobstipation ghabt. Fast blind war er obendrein, er war chronisch obstipiert quasi. Er hat sich selber scho mit Fuchsleber und solche Präparate behandelt ghabt, alles umsonst, des hat sich rasant auf die Organe ausgebreitet, Milz, Leber, Nieren, alles angegriffen, ma sieht also, ma muss immer gut kauen.

JUNIOR   Mutti, wann gehen wir jetzt?

FRAU ZAPF   Ja, pst …

BEPPI   Der Verdauungstrakt is halt doch entscheidend. Grad is a Bett freiwordn – de Dame is gstorbn. Zerscht hats nur leichte Beschwerden am McBurney ghabt, so a Kribbeln am vorderen Darmbeinstachel, sie hat sich noch nix dabei gedacht, na is's a subakute Appendizitis wordn. Die Beschwerden ham zugenommen, na hats es Rote Kreuz kemma lassn, prompt is's scho passiert, war er scho durchbrochen, der Blinddarm, nix mehr z' machen.

JUNIOR   Wann gehn wir denn endlich …

BEPPI   Sonst ein blühender Mensch gwesn, morgen werds beer-

digt. Da wennst net aufpasst, is es meistens zu spät. Prozessie-
ren hilft dann auch nix, wennst hin bist. An Professor Moser
hams verklagt, wegen an Kunstfehler, hat's gheißen, weil der
Patient is zu ihm gekommen, mit am Pigmentnaevus, a
Leberfleckerl halt. Der Professor hat 'n eahm entfernt – der
Naevus hat schon geblutet ghabt, net. Jetzt hat der Professor
Moser, er is ja sonst eine Koryphäe, net, hat er versäumt, a
Gewebe zur Histologischen einzuschicken, trotz richtiger
Diagnose, natürlich nur prima vista, gell, wie ma's halt so
macht. Es kam zur raschen Metastasierung des Tumors, Haut,
Lunge und so weiter total verkrebst, er verstarb innerhalb
weniger Tage, trotz intensiver Behandlung. Die Witwe klagt
jetzt gegen den Arzt wega Versäumnis. – In manchen Fällen
is's ja offensichtlich ...

JUNIOR   Ich will heim. Wann gehen wir denn endlich?

BEPPI   ... is einer ins Klinikum reinkemman, mit einer Axt im
Schädel stecken, da hat sich keiner hintraut, wegen der Verantwortung, der Chefarzt hat grad an Privatpatienten behandelt, hat ma nix machen können. Des hat Stunden gedauert,
bis es ein Operationsteam beinandghabt ham.
Herr und Frau Zapf und der Junior schieben sich heimlich zum
Ausgang und verschwinden unbemerkt mitsamt den Blumen.
Des Team hat dann doch sehr gut gearbeitet, der Mann hat's
relativ gut überstanden, er is jetzt blind, so Sprachstörungen
hat er a bissl, und halbseitig gelähmt. Mei, etwas bleibt immer. Zugangen is's heut schon, ein Mordsremmidemmi, a
ganze Gruppe mit verbundne Köpf is ankemman, die warn
in an Omnibus dringsessen, der wo sich überschlagen hat.
Laufende Meter Kopfschwarte hams genäht, ganz erschöpft
sans zur Visite kemman. Aber des san ja Lappalien gegan, in
Zimmer dreizehn, da hams ... *Unterbricht sich, sieht sich*
um ... Ah, seids scho ganga. So was, naa ...
Er zieht einen Arztroman unter der Bettdecke hervor: Die wei-
ßen Magier. *Er liest und pfeift sich eins.*

Ein wirksames Heilpräparat

Wissen Sie, es gibt ja Leute, die sind so wehleidig, nicht, die also sich bei jedem, ich möchte schon fast sagen, bei jedem Furz, sich schon ins Bett legen, net wahr. Ich mein, diese Hypochonder, ich … na ja, wissen Sie, weil ich sag das nur, weil ich hab ja doch da am Knie, es ist scho seit längerer Zeit, es zieht immer so, jetzt bin ich dann doch zum Arzt gegangen. Es gibt Sachen, wissen Sie, da derfma dann nicht selber rumdoktern, da muss ma dann schon gleich, da geht ma net zum Schmiedl, sondern gleich zum Schmied. Der hat ma jetzt da was verschrieben. Jetzt schauma mal, was ist denn des, aha, da hamma's, genau. Entzündungen der Sehnen, jawohl. Nebenwirkungen: Magen-Darm-Störungen wie Magenbeschwerden, Übelkeit, Erbrechen, Völlegefühl, Durchfall, Magengeschwüre mit und ohne Blutungen, in Einzelfällen mit Durchbrüchen (Perforationen). Die Häufigkeit dieser Störungen wächst mit der Steigerung der Tagesdosis – na ja –, Überempfindlichkeitsreaktion wie Hautausschlag, allergische Ödeme des Gesichts und der Hände, Stevens-Johnson-Syndrom, Lyell-Syndrom, Schock und seine Vorstadien, Steigerung der Lichtempfindlichkeit der Haut (Jucken, Rötung, fleckiger bis blasiger Ausschlag), Mundschleimhautentzündungen, Haarausfall, Nagelwachstumsstörungen, Kopfschmerzen – na ja, also Kopfschmerzen lehne ich persönlich grundsätzlich ab, net –, Schwindel, Müdigkeit, Sehstörungen, Blutzellveränderungen (Leukopenie, Agranulozytose, aplastische Anämie – ah geh, das sind Nebenwirkungen? –, Panzytopenie bzw. Knochenmarksdepression, Thrombozytopenie). Die Blutplättchenaggregation wird verzögert, wodurch die Dauer von Blutungen verlängert – ja – (z. B. Henoch-Schoenlein-Purpura) – kenn i net –, Erniedrigung des Blutfarbstoffs (des Hämoglobins oder des Hämatokritwertes), Erhöhung von Leberwerten (Serumtransaminasen, oder wie heißt das – und alkalische Phosphatasen), Gelbsucht – Gelbsucht … *Lacht* Da schreibens Gelbsucht, man kann doch auch Hepatitis sagen – (cholestatisches Syndrom), Störungen der Niere und Harnwege (Anstieg des Blutharnstoffs, akutes Nierenversagen) – da schau her –, Hämaturie, Blasenbeschwerden, Wasseransammlungen, die als Ödeme meistens im Bereich der Unterschenkel oder als Herz-Kreislauf-Störungen (Blutdruckanstieg, Kreislaufdekompensation – aha, ja –, akute Herzschwäche) auftreten können. Dieses Arzneimittel kann auch bei bestimmungsgemäßem Gebrauch das Reaktionsvermögen so weit verändern, dass jedwede Fähigkeit zu einer aktiven Teilnahme am Straßenverkehr oder zum Bedienen von Maschinen beeinträchtigt wird. Dies gilt in verstärktem Maße im Zusammenwirken mit Alkohol – na ja, nimm i net, aber ich nehm jetzt auf alle Fälle, nehm ich vielleicht so a Vitamin C ... *Sprudel- und Glucksgeräusche.* Wissen Sie, weil das kann überhaupt nie schaden. *Trinkt genüsslich. Ahhhh!*

Transparenz

Gerade im Sommer, aber auch schon im Frühjahr fang ich immer an mit einem Bock. Meistens jedenfalls, wenn ich im Biergarten bin. Ich nehme einen Bock und danach wieder was Leichtes. Daraufhin vielleicht wieder ein Weißbier. Oder ein … nein, ein Pils eigentlich nicht. Und dann kommt's immer auf's Wetter drauf an, ob ich noch einmal zum Bock greife. Denn wenn der Bock so wie Sirup runtergeht im Biergarten … aaah!

»Das ist eben ein Bock«, sag ich, wenn ich ein Bockbier trinke. Dann habe ich meine acht Prozent. Das kriegst heute bei keiner Sparkasse. Außerdem ist es auch eine Unterlage und einfach eine Kultur.

Das Einzige, auf das man Obacht geben muss, ist, dass man ihn aus einem Glaskrug trinkt. Niemals aus einem Steinkrug! Weil da sieht man ja nicht, was drin ist.

Neulich, ich hock im Biergarten, die Blaskapelle spielt *Ein Prosit der Gemütlichkeit,* wunderbar, ich zieh an, also ich trinke quasi. Auf einmal hab ich so einen Schladerer im Hals. So einen … Schleim, so einen … Glachl. Auswurf könnte man auch sagen. Ich habe ihn nicht gesehen, aber ich vermute, dass er grün war. Grün, jawohl!

Und dann ist mir dieser mir unbekannte Schleim Millimeter für Millimeter, verstehen Sie, wie eine Schnecke, langsam, zäh, meinen eigenen Hals hinuntergekrabbelt. Und das zieht sich natürlich, bis der unten ankommt. Ich stand der Sache machtlos vis-à-vis. Und da kann man sagen, was man will, das ist … unappetitlich.

Natürlich hab ich einen Schnaps gebraucht, und nicht bloß einen, gleich ein paar! Aber es hat nichts geholfen. Ich hab dann eine … Ding gekriegt, eine Mundfäule. Ich sag's Ihnen, ich habe eine solche Mundfäule bekommen! Ekelhaft! Sogar die Fliegen sind auf und davon! Ich mag's gar nicht schildern, weil sonst graust's Ihnen bloß.

Ich hab schon gewusst, jetzt musst zum Doktor. Hilft alles nichts. Also geh ich zum Doktor, zum alten Rosstäuscher. War der nicht da! Der war in Urlaub! Der war in der Dominikanischen Republik! Was tut der alte Depp in der Dominikanischen Republik?, frag ich Sie.

Aber einen Assi hat er gehabt, einen jungen Ossi. Also der Assi war ein Ossi, und dem hab ich von meinem Problem erzählt. Ich hab gesagt: »Horchen S' zu«, hab ich gesagt, »ich bin im Biergarten drin, die Musi spielt *Ein Prosit der Gemütlichkeit.* Ich zieh an, also ich trinke quasi, auf einmal hab ich so einen Schladerer im Hals, so einen Schleim, so einen Glachl, so einen Auswurf! Ich kann Ihnen nicht genau die Farbe schildern, aber ich vermute, er war grün.« »Das kenn ich schon, das kenn ich schon«, sagt der Ossi. »Nein«, sag ich, »gar nichts kennen Sie. Jetzt mögen Sie mir schon einmal zuhören, oder wollen Sie bloß operieren?« Dann redet der noch so saublöd daher und lacht. »So, so, einen Auswurf haben Sie verschluckt. Das ist doch die Auster des kleinen Mannes.«

So ein Arschloch, da muss ich mich von diesem Grattler auch noch verspotten lassen. So weit sind wir! Aber Spaß beiseite, warum erzähl ich das? Was bezwecke ich damit? Ich sag bloß: »Trink immer nur aus einem Glaskrug, da siehst du, was drin ist, da hast du eine Transparenz! Und wenn wirklich im Schaum ein Lungenhering herumschwimmt, kannst du ihn noch rechtzeitig herausfischen!«

Der Organspender

Als es geheißen hat an dieser Stelle, wer ein Interesse hat an einem Existenzminimum, der soll sich im zwoten Stock bei Amtmann Deutelmoser melden, nicht wahr, habe ich mich prompt gemeldet, und man hat mir mein Existenzminimum auch sofort bestätigt, nicht wahr. Der Durchschuss, nicht wahr, den ich am Dnjepr in Russland erlitt, war praktisch aktenkundig und ist auch medizinisch einwandfrei – praktisch –, nicht wahr, nur, ich muss heute sagen, das sag ich heute, also praktisch rückblickend, wenn ich in Russland meine Milz gelassen hätte, also, ohne Milz stünde ich doch heute ganz anders da. Das wären ja pro Monat siebenunddreißig Mark achtzig, nicht wahr, pro Milz, also, die man praktisch, nicht wahr, mit einhundertundachtzig Mark Invaliditätsrente plus diesen paar Notscherln Sozialhilfe, nicht wahr, die ich erhalte, kann ich keine großen Sprünge machen, das kann ich Ihnen glaubhaft versichern, das heißt, da hüpft man nicht sehr weit. Und ich habe dann auch mich als Organspender im Klinikum angemeldet, und man hat auch meinen Körper prompt in Zahlung genommen. Ich habe die zwotausend Mark praktisch blanko entgegengenommen, nicht wahr, nur dass ich in der Gefangenschaft schon diese zwei Vorderzähne verloren habe, plus den Verlust etlicher Innereien, habe ich natürlich verheimlicht. Aber wenn es so weit ist, dann werden die Herren Mediziner schon noch draufkommen, weil denen entgeht ja sowieso nichts, oder? Hahahaha ...

VERKEHR UND
WOHNUNGSBAU

Ein Autofachmann

Eine Straße. Parkende Autos. Eine gut gekleidete Dame besteigt ihr Auto und will es anlassen. Anlassersurren. Nichts. Längeres Anlassersurren. Wieder nichts. – Ein grau gekleideter schmächtiger Mann geht vorbei, bleibt stehen, sieht zu.

MANN   Springt er nicht an?

FRAU   Ich weiß nicht, was da los ist, vorhin ging er noch.

MANN   Machen Sie mal die Motorhaube auf.

FRAU   Sie kennen sich mit Motoren aus?

MANN   Ein bisschen.

Die Frau versucht, die Motorhaube zu öffnen, es geht nicht, der Mann hilft ihr. Der Mann wirft einen Blick in den Motorraum.

MANN   Lassen Sie ihn noch mal an …

Die Frau, lässt den Wagen an – nichts. Ein bayrischer Mensch kommt hinzu, der behäbig die Situation beobachtet. Die Frau steigt wieder aus.

BAYER   Also, des kann ich Ihnen gleich sagen, dieser Herr vasteht von an Motor überhaupts nichts.

MANN   Also, hören Sie!

BAYER   Der hat doch keine Ahnung, wia der scho higlangt, genga S' amal auf d' Seiten, genga S' weg. Weg da! Haben Sie ein Werkzeug da?

FRAU   Werkzeug … ich seh mal nach, Augenblick.

BAYER   Des wernma glei ham …

Die Frau holt aus dem Auto einen kleinen Schraubenzieher, der Bayer beugt sich in den Motorraum.

Ah, geh! Wahnsinn! *Er zieht ein Kabel aus dem Motorraum. Die Frau bringt den Schraubenzieher.*

FRAU   Schaun Sie mal, ist das richtig?

BAYER   Des soi a Werkzeug sei? Des is ja a Zahnstocher! Mit dem Nasenbohrer wollts es repariern? Es seids doch Schnapsler. *Zum Mann* Aber ois bessa wissn. *Wirft den Schraubenzieher in hohem Bogen weg.* Ham S' a Werkzeug da? – Wenn i's als Fußgänga scho dabeihab.

Die Frau hebt den Schraubenzieher wieder auf. Der Bayer zieht einen großen Schraubenzieher aus der Hosentasche, beugt sich ins Auto.

BAYER   O mei, da schaugt's aus. Schaugn S' her, da schaugt's schlecht aus.

Er rupft ein Teil aus dem Motor.

FRAU   Was machen Sie denn da?!

BAYER   Da! Da! Da schau her. Was is denn das? Was is denn das?

MANN   Weiß nicht.

BAYER   Eben. Er woaß's net. Aber mitreden. Ois bessa wissn. Da! *Rupft noch ein Teil aus.* Des kenna S' wegschmeißen. Des is's gfeit. Sagn S' amal, wo haben S' denn den Wagen kaaft?

FRAU   Beim Händler. Warum?

BAYER   Sauber, sag i – ja, ja, was is denn des? Um Gottes willen, schaun S' amal da nei! Sehng S', was is denn des? Halten S' amal!

Der Mann hält, der Bayer rupft ein großes Teil aus dem Motorraum.

BAYER   Da schaugn S' her, da hamma den Salat. Er wirft das Teil weg.

FRAU   Hören Sie sofort auf, Sie machen ja den ganzen Wagen kaputt!

BAYER   Hahaha! Und so wolln Sie Auto fahrn?

MANN   Das Drehmoment stimmt nicht.

BAYER   Er! – Drehmoment. Da schau her. Was verstehn Sie von am Drehmoment! Ham S' an Drehmomentschlüssel da?

MANN   Natürlich nicht.

BAYER   Natürlich net. Ja, da kannt ma lang warten. Schaugn S' her. *Zieht Drehmomentschlüssel aus der Tasche.* So. Jetz schauma halt amal. Ja, Wahnsinn! Und so fahrn Sie durch die Gegend? Des is ja fahrlässig. Alles marode. Ho Ruck! *Er reißt ein riesiges Teil aus dem Motor. Die Frau hebt protestierend das Teil auf.*

BAYER   O mei, des is ja furchtbar. So. Jetzt wernma amal schaun, da – die Verbindung zum Verteiler, ja, da, ah, ah. *Wirft kleine Teile hinter sich.*

FRAU   Hörn Sie doch auf, um Gottes willen!

BAYER   Aha. So weit samma scho. Ma macht sich dreckig, weil ma de Leut helfen will, und nachert des saudumme Gred!

Der Mann will eingreifen.

Gengan doch Sie weg, du Kasperl, blinder! So. Glei hamma's. Au weh! Des aa no. A Wunder, dass der Kahn überhaupts ganga is.

Er wirft einen langen Schlauch aus dem Motorraum, zieht eine Zange heraus, knipst mit lautem Krachgeräusch ein weiteres Teil ab.

I sag's ja, heutzutag hat keiner mehr eine Ahnung. Halt amal, Spezi – da, halten sollst!

Der Mann ist dem Bayern behilflich … Der Bayer gibt ein Geräusch der Anstrengung von sich, unten rinnt eine Flüssigkeit aus dem Auto.

BAYER   *zur Frau* Sie, mit dem ham S' an Fang gmacht.

MANN   Also, ich bitte Sie!

BAYER   Geh, sei stad, Dilettant!

FRAU   Lassen Sie sofort meinen Wagen in Ruhe, ich rufe die Polizei!

BAYER   Soo kamad se daher, de motorisierte Goaß! Des kimmt davo, wenn ma de Leit hilft. *Er schmeißt noch ein Teil aus dem Motorraum. Ein anderes Teil wirft er geräuschvoll wieder in den Motorraum.*

Machen S' amal zu, und lassen S' 'n amal an.

FRAU   Was mach ich mit diesen Teilen hier?!

BAYER   Des kennan S' ois wegschmeißen, macha S' zua und lassen S' an.

Die Frau geht ins Auto, Anlassergeräusch. Nichts.

BAYER   Ja, anlassen, hab i gsagt! Verstehngan Sie schlecht?!

FRAU   Können Sie nicht vielleicht den Wagen mal anschieben?

BAYER   Geh weida, Schnapperer, schiab o, i hab gmoant, du wuist helfan?

Der Mann versucht den Wagen anzuschieben.

FRAU   Bitte, helfen Sie ihm doch mit.

BAYER   Ja, bin i denn a Schieber, da, der Herr, der woaß doch ois bessa, der soll oschiabm. I bin doch koa Schiaba!

FRAU   Bitte, helfen Sie, Sie sehen doch, er schafft es nicht.

BAYER   Hätt er halt mehr Spinat essen solln, der Windbeutel, es duat ma leid, i hab koa Zeit mehr, i muaß zu meim Bus. Da, der Herr, dieser Herr, der huift Eahna scho. Also, guate Fahrt, Wiederschaugn.

Er geht zur Bushaltestelle gegenüber, der Mann versucht noch mal, den Wagen anzuschieben.

MANN   Ja, es tut mir jetzt leid, so alleine schaff ich das auch nicht.

FRAU   Was mach ich dann?

MANN   Tut mir leid, ich hätte gerne, ich würde gerne … ich wünsche Ihnen noch alles Gute. Wird schon klappen.

Er geht zur Bushaltestelle, steht neben dem Bayer. Die Frau lässt noch mal den Wagen an, ein Knall, der Motor explodiert, die Motorhaube fliegt auf. Knall, Feuer und Rauch.

BAYER   *gönnerhaft zu dem Mann* O mei, des san Autofahrer …

Die Wegbeschreibung

Das Telefon klingelt. Udo Kaiser hebt ab.

Kaiser?! Ja, die Hilde. – Habts unsre Karte gekriegt mit der neuen Nummer? Des is aber nett, dass d' anrufst. Was? – Ja, hähähä. Hilde, naa, mir wohna scho lang nimmer in der City. Nanaa, mir wohnen jetz da heraußt im Grünen. Ja … also naa, also, Bauern sind mir keine gewordn. Was? Was is? Ja komm doch amal raus. Kommts halt amal raus, Hilde. 's is wunderbar hier. Wies d' rauskommst? – Des is ganz einfach, Hilde, pass auf. Du musst die Nordspange, die Zubringerstraße – Autobahn, ja da musst runterfahrn. Ja, des is jetz noch a bisserl kompliziert, weil da wird noch gebaut, weil in a paar Jahr ham mir die Autobahn dann praktisch direkt vor der Haustür – aber jetz musst halt dann die Nordspange bei dem, äh, musst runter fahrn bei der Mülldeponie. Aber erst die zweite Ausfahrt, praktisch wo die Sondermülldeponie is. Da kommt dann aso a Schnellstraße. Dann an dieser Sondermülldeponie vorbei. Die konn ma gar net verf… Des is … Kläranlagen sind da und diese … ja, ja. Dann hältst dich links an der Autofabrik vorbei, die machen hauptsächlich so Lkws. – Diese lange, riesige Mauer und dieser hohe Drahtzaun mit dem Stacheldraht und dahinter die ganzen Laster. Gell, also diese Schnellstraße fahrst du immer hart entlang, bis du zur Möbelfabrik kommst. – Heißen die? – Ja, des siehst schon, des is nicht zum Übersehn, ein Riesengebäude … Mit so Fahnen heraußt, ja, genau. Gradaus an dem Discount vorbei, da kommt noch a Discount, die ham so Zubehörhandel. Also, da is wieder so a Möbelhaus, net – Möbelhaus Lila. So violett, so a großer lila Bau. Scharf links, und da siehgst dann auch schon die ersten Hochhäuser. Da ist dann die, Zaunkönigstraße heißt die, gell, Hilde. Da musst also abbiegen, noch mal links. Also, links rein, gell. – Auf der andern Seite is ja aso a Schretteranlage, da kann ma gar net reinfahrn. Des siehst. Und dann siehst du schon a zweite Garnitur Hochhäuser. 's sind also schon ganz schöne Waschel, also, gell, große, äh, Dings. De siehst schon, die sind am Ende. Des is so a Industriestraße.

Dann … Jetzt muaßt aufpassn. Direkt neben de Hochhäuser ist
ein Umspannungswerk. Des sieht ma wieder an dene Hochspan-
nungsmastn, die dann weggehn – die gehn nach alle Seitn weg.
Muaßt schaun, da sind auch so a paar Bäume drumrum, und da
sind riesige Strommastn, gell. Und unter dene Strommastn am
Umspannwerk vorbei fahrst in Richtung zu diesem Müllverbren-
nungskraftwerk, ja. Diese Müllverbrennungsanlage, ja, so a großer
blauer Berg mit'm Mordsschornstein oben drauf, net. Des is des
Wärmekraftwerk, des is dahinter, aber da fahrst davor schon wieder rechts weg. Vorm Wärmekraftwerk, wie gsagt, wieder rechts
und da siehst du dann, des is so a kanariengelber Bau – des is wieder a Möbelhaus. Untn is so a Schild von ara »Trauerhilfe«. Halb-
rechts nei. Auf der andern Seite is aso a Squash-Center, ja. Dann
kommt eine dritte Garnitur Hochhäuser, und dann bist nimmer
weit. Dann die Wiedehopfstraße. Genau, net. Hinter diesen
Hochhäusern da sind dann ungefähr so circa vierzig Bungalows.
Da is noch mal so a großes Einkaufscenter und dann kommen
diese Bungalows. Ja, vierzig, a paar sind noch im Bau, ja. Is a ganz
schöne Baustelle. Und mir sind da mittendrin, da muaßt reinfahrn, weil des geht da so im Kreis durch die ganze Siedlung
durch, ja, so a Kreisverkehr. Also in der Mitte. Des is Nummer 27,
gell. Des kannst ganz leicht finden. Mir ham an Messingknopf an
der Tür, gell, ja …

Hoagascht urban

Straßenschlucht in einer Hochhaustrabantenstadt. Zwei kleine Figu-ren mit Instrumentenkoffern kommen aus der U-Bahn und fragen nach einer Adresse. Niemand antwortet.

ER   Karl-Marx-Ring! Samma scho richtig.

SIE   Muaß ja da Rosa-Luxemburg-Weg aa glei abzweign.

ER   Samma scho richtig.
Die beiden sind auf der Suche nach der richtigen Adresse. Abend-stimmung in Neuperlach. Dann am Klingelbrett, circa 400 Klin-geln.

ER   Do is a Maier mit ai.

SIE   I hätt an Meier mit eie.

ER   Halt, da is noch oaner mit ay.

SIE   Da is ja noch a Meier mit eie, noch amal, was machn mir jetzt?

ER   Hast die Nummer dabei, da könntn mir 'n anrufen?

SIE   Na, hab i net. Was machn mir jetzt?

ER   Mei, i woaß a net, probiern mir's.

SIE   Ja, probiern mir.
Die beiden klingeln bei allen vier Maiers und warten.

ER   Jetz bin i gspannt.
Aus der Klingelanlage ein Geräusch, »Hallo«.

ER   Ah, guten Abend, äh, Sepp, bist es du?

SCHNARRSTIMME   Was heißt hier Sepp? Unverschämtheit!

SIE   Also, der war's net.
»Hallo«, wieder Schnarren, eine türkische Sprechanlagenantwort, »Hallo«, Grummeln.

ER   Des is er net, der Sepp.

SIE   Na, des is er net.
Zwei Punks kommen zur Tür heraus.

ER   Sie, entschuldigen S' …
Die beiden gehen weiter, ohne sie zu beachten.

SIE   Herrschaft, was machn mir 'n jetzt?
Noch zwei Leute kommen aus dem Haus.

A   Es war jeden Tag Sonne.

B   Nein!

A   Wenn ich's Ihnen sage. Buchstäblich jeden Tag. Nur im Service fällt's etwas ab, aber das haben Sie ja im gesamten Ostblock.

B   Aber Wetter war schön?

A   Ich kann nur noch mal betonen, jeden Tag Sonne, von früh bis spät.

ER   Sie, entschuldigen S', mir suchen da eine Familie Maier.

SIE   Da is nämlich heut so a Stubenmusi da herin.

A   Tut mir leid, ich kenn hier niemand. Hier wohnen so viele Leute, fragen Sie am Einwohnermeldeamt.

SIE   Ah ja, danke.

ER   Vielen Dank.

A   *wieder zu* B Hier, neulich im dritten Stock, is jemand verwest, erst der Geruch hat dann die Behörden auf den Plan gebracht.

B   Ah ja, interessant, und Sie sagen also, der Service is weniger …

A   Ja, ja, machen Sie sich beim Service keine Illusionen, aber das Wetter, ein Traum.
     Die beiden sind weg.

ER   Geh weiter, hilft ja nix. Suachma halt drin.

SIE   Aber die Nummer stimmt doch.
     Ein Schwarzer und ein Japaner kommen.

ER   Sie äh, 'tschuldigung, äh, Verzeihung äh, is hier Haus Nummer neun?

SIE   Peschelanger neun?

JAPANER   Yes, nine, neun A.

SCHWARZER   Neun A, neun A.

ER   Was? A? Mir suachn jemand.

SCHWARZER   *deutet auf Instrumentenkoffer* Music!

ER   Genau, Musik.

SCHWARZER   Good luck!

SIE   Danke. Was is mit dem A? *Sie schaut auf das Schild.* Jessas, des is neun A, un' da miaßma – da samma verkehrt, mir, wissen S', die wohnen neun. Peschelanger neun.

ER   Ah, suachma halt weiter.
     Die beiden sind wieder unterwegs. Die nächste Station ist vor dem Haus Nummer 9.

ER   Da is ja überhaupts koa Meier.

SIE   Mei, vielleicht hams nur koa Namensschildl.

Man sieht ein ziemlich verwüstetes Klingelbrett, wo die Hälfte der Namensschilder fehlen.

ER   Mei, gehma halt amal nei un' suchma s'.

SIE   Ja, versuch ma's.

Er klingelt wahllos an ein paar Klingelknöpfen. Aus dem Klingelkasten kommt also ein Stimmensalat.

ER   Ja, ja, Entschuldigung, äh, ah, können Sie vielleicht bitte aufmachen?

Tür geht auf. Die beiden warten vor dem Lift. Lifttür geht auf. Im Lift stehen ein Zuhälter und eine Prostituierte.

ER   Nauf?

ZUHÄLTER   Na, obi.

Die beiden fahren gemeinsam im Lift. Der Zuhälter kratzt sich permanent im Genitalbereich. Dann steigen Zuhälter und Prostituierte aus.

ER   Wiederschaun.

Keine Antwort.

Jetza fahrma nauf.

Man sieht die beiden im Hausflur suchen.

SIE   Da is wieder koa Name.

ER   Und?

SIE   Da macht koaner auf.

ER   Herrschaft, der Lift kimmt wieder net.

SIE   Gehma halt z' Fuß übers Stiegenhaus.

Neben dem Lift ist eine Tür, die ins Treppenhaus führt. Die beiden gehen ins Treppenhaus und wollen ein Stockwerk höher wieder in den Hausflur hineingehen, aber die Tür lässt sich nur von einer Seite öffnen. Von der anderen Seite braucht man einen Schlüssel.

ER   Herrschaft, jetzt hamma uns ausgsperrt.

SIE   Mei, was machma jetzt?

ER   Mei, schauma halt amal.

Die beiden gehen ein vollkommen ramponiertes Treppenhaus hinunter und landen unten in der Tiefgarage. In der Tiefgarage sieht man den Zuhälter, wie er gerade die Prostituierte verprügelt.

SIE   Da is's net.

ER   Also, fahrma wieder nauf.
       Wieder in einem Hausflur, viele Türen. Die beiden irren herum.
ER   Da is wieder a Maier.
       Eine Griechin macht auf.
ER   Verzeihung, äh, mir suchen, ähm, Familie Maier.
GRIECHIN   Nix Maier, Timo … *Gemurmel.*
       *Timo kommt und redet griechisch. Er geht schon wieder zum Lift
       und holt den Lift. Im Lift steht die Prostituierte, die sich gerade
       notdürftig wieder herrichtet.*
SIE   Ham S' Eahna weh doa?
PROSTITUIERTE   Diese widerliche Drecksau.
ER   Sie, kennen Sie vielleicht sich hier aus? Mir suchen eine
       Familie Maier, er heißt Josef, Maier-Josef, also Sepp.
SIE   Und sie Notburga, Burgel oder Burgi.
PROSTITUIERTE   *schminkt sich die Lippen nach* Dreizehnter
       Stock, des san Nachbarn. Können S' gleich mitfahren.
       13. Stock.
       Da, gehn S' her.
       Ein verklemmter Mann steht an einer Haustür herum.
       Ah, Herr Doktor Lentitsch. Wie lang ham S' heut Zeit?
LENTITSCH   *hüstelt verklemmt* Aber, ich bitte Sie!
PROSTITUIERTE   *zu den beiden* Da is es.
SIE   Vielen Dank.
ER   Dankschön.
PROSTITUIERTE   So, Herr Doktor Lentitsch, gehmma glei nei.
       Links ab. A Glasl Schampus?
       *Sperrt ihre Tür auf. Die Prostituierte und Doktor Lentitsch ver-
       schwinden. In der anderen Tür ist »Kaspar-Melchior-Balthasar«
       auf die Tür gemalt und ein gemaltes Namensschild mit »Maier«.
       Er klingelt. Burgi macht auf.*
BURGI   Ja, da sans ja.
SEPP   Ruckts eina. So jetzt kann's aufgeh.
SIE   Mei, bis mir euch gfundn ham.
SEPP   Ja, wieso?
BURGI   Also, gehts her. Packts aus. Fangma glei o.
SEPP   Girgl, jetzt sans da.
       *Im Zimmer sitzt Georg in einer geschnitzten Bauernstubenecke
       mit Herrgottswinkel und stimmt seine Zither.*

ER   Es habts es wirklich griabig da herin.

SEPP   Ja, i woaß scho. Des hat fei ois an Haufn Geld kost.

BURGI   Ois scho zahlt.

SIE   Wirklich sehr nett, reizend, entzückend.

GIRGL   Also, was is jetz, fangnma o, i hab net lang Zeit.

BURGI   Ja, Girgl, was is 'n?

GIRGL   I hab um neune in der Disco a Date. *Spielt das Zither-intro. Sie singen:* »Auf de Alma, da gibt's Kalma …« *Ein Flieger fliegt über das Wohngebiet und deckt den Gesang zu.*

BURGI   Herrschaft! *Sie geht ans Fenster, schließt das Fenster und lässt das Rollo herunter. Das Rollo bleibt in der Mitte hängen.* Herrschaft!

SEPP   Halt's auf, des hamma glei.

ER   *hilft ihr* Kann i euch was helfn?

SIE   Der Beni kennt si aus mit so Zeug.

SEPP   Des is oiwei ganga, zefix!

SIE   Huif eahna halt.

ER   Warts gschwind, i huif euch.
   Die vier machen am Rollo herum

GIRGL   Oiwei asselbe. *Schaltet den Fernseher ein. Im Fernsehen kommt eine Volksmusiksendung. Girgl zündet sich eine Zigarette an. Die vier machen weiter am Rollo herum. Dazu Fernsehmusik und Dialogfetzen:*
   Ja, Herrschaft, des is doch bisher oiwei ganga.
   Warts gschwind, i huif euch.
   Da, des muaß oaner da rumgspuit ham.
   Das is, seit der Ottmar da war.
   Hat der eigentlich a Haftpflichtversicherung?
   I woaß net, aber der war's, weil davor is es no ganga, der hat mit seim Buam …
   Da Ottmar?
   Ah so, beim Ottmar.
   Ja, der Ottmar.
   Ja mei, jetzt miaßen's ma schaun.
   Kruzifix, halt, jetzt hab i's scho fast.
   Man sieht die Landschaft von Neuperlach, und die vier werden verschwindend klein.

Die Nachbestellung

Ehepaar Heinz und Edeltraut Strobel sitzt in einer Autobahnrast-stätte. Ein Kellner serviert gerade zwei Extraknödel.

KELLNER   So. Zweimal Knödel extra.

HEINZ STROBEL   Da – stelln S' es her.

EDELTRAUT   Ah, Herr Ober, könntn mir doch a große Portion Sauerkraut ham, bittschön?

KELLNER   Einmal Kraut extra.

EDELTRAUT *studiert die Karte* Nimm halt die Topfnpalatschinkn oder de mit Schoklad.

HEINZ   Qumpf …

EDELTRAUT   Oder nimmst halt beides.

HEINZ   Njoa.

EDELTRAUT   Und, mogst des Eis vorher oder danach?

HEINZ *mit vollem Mund* Gleichzeitig.

EDELTRAUT   Oder nimm halt a Prinzregententorte zerscht. Du, de Obstkuchn ham fei aa recht ordentlich ausgschaut. Himbeer – oder so.

HEINZ   Hmhm.

EDELTRAUT   Oder wie wär's mit am Obstsalat?

HEINZ   Nänana …

EDELTRAUT   Oder ein Pfirsich-Melba. Da, heiße Himbeern auf Schlagrahm, hm?

KELLNER *kommt mit dem Kraut* So, einmal Sauerkraut extra. Bitte schön, gnä' Frau.

EDELTRAUT   Naa, da … *Deutet auf Heinz.*

KELLNER   Ah ja.

EDELTRAUT   Sagn Sie, Herr Ober, was is 'n bitte des Souffle Prinz Eugen?

KELLNER   Eine Art süßer Eierschaum mit Schokolade, Nüssen und Maraschino und Sahne.

EDELTRAUT   Er vertragt keine Nüss, Nüsse rührt er mir nicht an.

KELLNER   Sie können auch wahlweise Rosinen dazu nehmen.

HEINZ   Umpfqumpf ...

EDELTRAUT   Ah, Herr Ober, bringen S' mir doch bittschön noch a Mineralwasser.

KELLNER   Ein Mineral.

EDELTRAUT   Magst so an Prinz Eugen? Is amal was anders.

HEINZ   Qumpf ...

EDELTRAUT   Oder des is überhaupts die Lösung – vorher isst a Mokkatorte mit und dann a Fürst-Pückler-Eis ohne Sahne und hinterher noch a Kleinigkeit oder so, vielleicht doch diesen Eugen da.

HEINZ   Quampf ...

EDELTRAUT   No, schmeckt de Haxn?

HEINZ   Na ja ...

KELLNER   *bringt das Wasser* So, ein Mineral.

EDELTRAUT   Äh, Sie, Herr Ober, weil Sie grad da sind, könntn mir noch a bisserl was nachbestelln? Bringen S' ihm doch bittschön einmal Prinzregententorte.

HEINZ   Naa, i mog koa.

EDELTRAUT   Ah ja, Mokkatorte mit Schlagrahm. Mit Schlagrahm, gell?

HEINZ   Qumpf ...

EDELTRAUT   Und dann bringen S' ihm noch an Fürst-Pückler-Eis. Des ohne Sahne.

HEINZ   Naa, mit.

EDELTRAUT   Ah ja, also doch auch mit Sahne. Und dann wolln wir doch amal dieses Souffle Prinz Eugen probiern. Allerdings ohne Nüsse, bittschön. Gell, also mit Rosinen.

KELLNER   Gut, Prinz Eugen für Sie, gnä' Frau?

EDELTRAUT   Naa, wo denken Sie hin, i derf net. I mach zur Zeit a Abmagerungskur, i muaß abnehmen. Er is ja schließlich der Fahrer. Wissen Sie, reisen macht immer Appetit.

Der Bohemien

Im Wohnzimmer von Frau Kerzl. Herr Faltermair sitzt am Erdnuss-Flips-Chips-Tischchen. Frau Kerzl steht am Fenster.

KERZL   Herr Faltermair, schnell, kommen Sie mal. Schaun Sie mal, da ist er. Von hier kann man ihn gerade sehn.

FALTERMAIR   *steht auf.* Wo? Zoagn S' her?!

KERZL   Da, da unten, mit der Plastiktüte.

FALTERMAIR   Der mit dem indischen Kappi?

KERZL   Nee, der mit der Baskenmütze. Da, er sperrt gerade zu. *Man sieht den Bohemien, der gerade eine Mietskaserne verlässt und zu seinem Fahrrad geht.*

FALTERMAIR   Wos, des is a Bohemien, a echter?

KERZL   Ja, ein ganz seltener. Ham wir lang gesucht, bis wir was Ordentliches an Land gezogen haben.

FALTERMAIR   Ah, und der wohnt jetzt praktisch über mir.

KERZL   Ja, genau über der Hausmeisterwohnung.

FALTERMAIR   Ja, na hat er's ja schee.

KERZL   Nenenee, das war gar nicht so einfach, den hier rauszubekommen.

FALTERMAIR   Ja, aber er wohnt doch umsonst, der soll ja froh sein.

KERZL   Was glauben Sie, wie schwer das ist, so einen Bohemien aus seiner gewohnten Umgebung herauszuschälen. Außerdem gibt's kaum mehr welche. Die sind heute so selten wie ehrliche Menschen.

FALTERMAIR   Ja, und was soll der jetzt nachert da macha?

KERZL   Wohnen.

FALTERMAIR   Da kannt er ma doch nachert allweil beim Hecknschneidn a bisserl helfn, oder?

KERZL   Herr Faltermair, wo denken Sie hin. Der Mann ist Bohemien, der rührt keinen Finger.

FALTERMAIR   Ja, aber ...

KERZL   Pst, schaun Sie mal, wie altmodisch. Er benützt noch Hosenklammern – süüüß, finden Sie nicht?

FALTERMAIR   Ja, aber was soll denn der nachert da machn?

KERZL   Atmosphäre verbreiten. Wir waren uns auf der letzten Eigentümerversammlung einig, hier muss was passieren, kulturell und auch atmosphärisch. Und überhaupt, verstehen Sie – Lebensqualität.

FALTERMAIR   Ja, aber mir ham doch da jetz da de neie chemische Reinigung kriagt …

KERZL   Ach was, Großstadt haben wir hier, aber Flair, Savoir-vivre.

FALTERMAIR   Wem?

KERZL   Ach. Äh, Herr Böhm von der Cafeteria hatte diesen glänzenden Einfall. Wir haben das alles gleich vertraglich ordentlich geregelt – wir, die Wohnungseigentümer, übernehmen sechzig Prozent der Kosten, und Herr Böhm finanziert den Rest vom Bohemien. Außerdem hat der Bohemien täglich einen Freitrunk in der Cafeteria.

FALTERMAIR   Na werd der boid a wieder so bsoffn rumhänga wia der, den S' davor ghabt ham. Der wo immer ois vollgspiebm hat.

KERZL   Nee, das war 'n Penner, 'n Wermutbruder.

FALTERMAIR   Da ham S' aber aa gsagt, dass er a Künstler ist.

KERZL   Na ja, Herr Faltermair, das ist manchmal schwer zu unterscheiden, ob einer ein Penner oder ein Künstler ist. Aber der hier ist fleißig, der malt wie am Fließband. Wir machen jetzt auch vierteljährlich 'ne Vernissage unten in der Cafeteria beim Herrn Böhm.

FALTERMAIR   Un', was hat er sich jetz da grad kafft?

Man sieht den Bohemien aus einem Supermarkt kommen. Kerzl greift zum Fernglas. Schaut.

KERZL   Ich glaub, einen Rotwein.

FALTERMAIR   Der sauft aa.

KERZL   Nenee, der benutzt den Wein nur als Stimulanz. Er ersetzt sich dadurch Italien, sagt er, aber er malt wirklich. Schaun Sie, ich habe hier schon zwei Bilder von ihm erworben.

FALTERMAIR   Ah, des is vo eahm?

KERZL   Was macht er denn da?

Man sieht den Bohemien, wie er ordinär ein Nasenloch zuhält und aus dem anderen rotzt und dann sein Fahrrad besteigt.

FALTERMAIR   Schneizn duada.

KERZL   Sehn Sie, jetzt radelt er. – Ich sage Ihnen, wir werden die
Buschröschen-Allee systematisch kultivieren. Wir von der
Eigentümergemeinschaft und Herr Böhm, wir sind uns einig,
wir holen noch 'nen Bohemien. Wir setzen noch 'nen zweiten
aus, verstehen Sie. Dazu hat Herr Böhm Straßencafé-Lizenz
beantragt, und diese Bohemiens haben jeder auch noch 'nen
Bekanntenkreis, die ziehn dann wieder was nach sich, verstehn Sie, da wird dann musiziert ab und an ...

FALTERMAIR   Was, a Musi aa no?!

KERZL   Ja, hier entsteht 'n richtiges Geistesleben. Glauben Sie
mir, Herr Faltermair, ganz abgesehen von der atmosphäri-
schen Verbesserung, die vier Wohnungen, die ich hier hab,
kann ich dann ganz anders vermieten. Ein paar Bohemiens,
vielleicht noch 'n Schauspieler, und der Quadratmeterpreis
steigt hier um dreißig Prozent, Minimum.

FALTERMAIR   Aha, verstehe, Sie wolln a neies Schwabing ...

Ein Geschäftsbrief

Hildegard Gruber sitzt in einer feudalen Villa in ihrer Bibliothek in einem üppigen Ledersessel und diktiert in ein Diktiergerät.

Feldafing, den Soundsovielten, Datum, und so weiter, Einschreiben an Herrn Peter Krause, Wallensteinstraße 21, rückwärtiger Eingang, 8 München 90, betrifft Ihr Schreiben vom 23. 2. 86, Poststempel 25. 2., 16.00 Uhr, 1986.

Sehr geehrter Herr Krause,
   da ich mich aus beruflichen und persönlichen Gründen nicht immer in München aufhalte, beantworte ich heute Ihr Schreiben. Ich danke Ihnen für den Hinweis, dass Räume erst ab 2,2 m² Größe bzw. 2 m lichter Höhe vermietet werden dürfen. Dieses Gesetz ist noch nicht lange in Kraft getreten. Ich war davon ausgegangen, dass die Vermietung von Räumen bereits ab einer lichten Höhe von 1,90 m erlaubt ist. Bei Vertragsabschluss und bei Besichtigung waren Sie mit dem eigenen Eingang, mit dem Abstellplatz für Ihr Ölfass, mit der Einrichtung der Räume – Schlaf- und Wohnraum mit Teppichboden, goldenem Lichtschalter, Teppichboden umrandet mit teuren Eichenleisten – hochzufrieden. Ebenso mit dem ersten Raum, in dem Sie sich immer etwas warm machen können, da ein Gasherd da ist und eine neue Nirosta-Spüle und neu verlegter PVC-Boden. Sie können auch immer die Türe zum Hof wegen der Belüftung so offen lassen, dass niemand hereinkann, da wir diese Türe mit einem sehr langen Haken ausgestattet haben. Auch der fast neu erstellte Ölofen gibt so viel Wärme ab, dass die gefangenen Räume bestens temperiert sind. Noch dazu das schöne, lange weiße Ofenrohr mit dem genau ausgerechneten Gefälle. Am Waschbecken und über der Spüle befinden sich Durchlauferhitzer. Dass Sie keine Dusche haben, wussten Sie bei der Besichtigung. Es mache Ihnen nichts aus, da genug Bäder in der Nähe sind, sagten Sie damals. Die Be- und Entlüftung im WC ist erstklassig und wurde von der namhaften Firma »Trosti« eingebaut. Ich habe selbst zwölf Jahre in einer Toilette mit Familie ohne Fenster verbracht.

Zur Quadratmeterzahl der Räume: Ich habe neunundzwanzig Quadratmeter aufliegen, beweisen Sie mir auf Ihre Kosten durch einen vereidigten Sachgutverständigen (BDA) das Gegenteil. Wie Sie, sehr geehrter Herr Krause, die Quadratmeter ausmessen, interessiert mich nicht. Sie sind laut Ihren Angaben Sozialpädagoge und nicht ein Architekt.

Sie sagten auch, das Wichtigste ist für Sie sowieso, dass Ihre beiden kleinen Kinder laufend zu Ihnen kommen, um Sie zu besuchen. Nach Ihren Angaben wollen Sie jetzt statt DM 319,– plus Nebenkosten nur DM 159,50 plus DM 81,– Nebenkosten, insgesamt DM 240,50, bezahlen. Wie kommen Sie dazu, für April nur DM 221,14 zu bezahlen? Ich hatte zum Besichtigungszeitpunkt zwei sehr interessierte Wochenendheimfahrer, welche die Räume liebend gerne wollten. Nein, ich gab sie Ihnen aus reiner Sympathie.

Sie hält das Diktiergerät an, hört hinein und korrigiert:

Nein, ich gab sie Ihnen aus reiner christlicher Nächstenliebe heraus. Nachdem ich mit Ihnen diese Erfahrung gemacht habe, gibt es für mich im harten Geschäftsleben diese Einstellung nicht mehr. Unter diesen Umständen ist folglich unser Mietvertrag nichtig.

Mit dem Ausdruck vorzüglicher Hochachtung

Hildegard Gruber

Sie schaltet das Diktiergerät aus, schaut ins Freie und stöhnt:

Ah, is des a Wetter. Jetz muaß i no zwoa … Glaubst es, nix wie Ärger hast mit dera Bagage.

Frau Gruber nippt an ihrem Campari und schaltet das Diktiergerät wieder ein:

Feldafing, den, Datum und so weiter …

Saniererlied

Was gsund is, des hoaßt ma saniert,
aber gsund is bloß, was si rentiert.

A jeds Abbruchhaus is der Übergang
zu am marktwirtschaftlichen Neuanfang.
Da Vogel auf'm Baum zahlt koa Mieten,
also volkswirtschaftlich is er a Nieten.

Refrain

Unsere Kinder, die ham zum Beschwern koan Grund,
unsre Kinderspielplätz san kerngesund.
Alte Leute, die wolln sich am Leben gfrein,
aber gsund is des bloß im Seniorenheim.

Refrain

A paar Leut ham's bei uns jetzad gspannt:
Gmüatlichkeit is finanziell uninteressant.
Am End rentiert si 's ganze Leben net,
na werd's langsam Zeit, dass d' ganze Menschheit geht.

Refrain wird wiederholt, dazu Frau Glöckerl:

Der Computer hat mir gekündigt,
dabei kennt er mich gar nicht,
weil er schreibt Glöckerl mit oe,
und ich schreibe mich ja Glöckerl mit ö.

Daraufhin hab ich dem Computer einen Brief geschrieben,
aber das liest der Computer ja gar nicht,
weil ich selber schreibe ja noch altdeutsch.
Und erst kürzlich habe ich vom dritten Bürgermeister
ein Fresspaket geschenkt bekommen,

weil ich achtzig Jahre alt geworden bin, aber
das ist dem Computer scheißegal,
er schreibt Glöckerl mit oe und kündigt.

Was gsund is, des hoaßt ma saniert ...

WISSENSCHAFT,
FORSCHUNG UND ENERGIE

Kern & Kraft Werke GmbH

Das Energieverbundspiel

1. AKT

HERR KERN   Also, gestatten, mein Name ist Kern, Energie-Public-Relation GmbH, und hier meine Mitarbeiterin, Fräulein Kraft, Abteilung Future und Prognostik …

FRL. KRAFT   … m. b. H. …

HERR KERN   Des sowieso. Also, fang mir an, Fräun Kraft.

FRL. KRAFT   Gut, also, welche Zukunft wollen Sie?

KUNDE   Wieso, welche Zukunft?

FRL. KRAFT   Ja, haben Sie sich was Bestimmtes vorgestellt? Mir ham Ihnen doch einen Katalog dagelassen. Wollen Sie »Kraftvoll in die Zukunft« oder wollen Sie »In Europa gehen die Lichter aus«, oder wollen Sie »Eine Hand wäscht die andere« oder »Vergangenheit hat Zukunft« – alles erprobte Szenarien, was wolln Sie jetzt?

HERR KERN   I glaub, der woaß net, was a Szenario is.

FRL. KRAFT   Wissen Sie, was ein Szenario is?

HERR KERN   Fräun Kraft, erklärn S' es eahm …

FRL. KRAFT   Ein Szenario ist ein Drehbuch. Also für'n Film oder für's Theater oder für die Energiewirtschaft.

KUNDE   Interessant. Wer schreibt diese Drehbücher?

FRL. KRAFT   Ja, Dichter, Lyriker. Bei uns von der Energiewirtschaft sind die Lyriker mehr Lobbyisten und Professoren, die sich die Drehbücher ausdenken.

KUNDE   Für die Stromlobby …

HERR KERN   Ja, für wen denn sonst.

FRL. KRAFT   Ja, für wen denn sonst?!

KUNDE   Glauben Sie, der Stromabnehmer hat was davon? *Herr Kern und Fräulein Kraft brechen in Heiterkeit aus.*

FRL. KRAFT   Schaun Sie, ein Szenario-Beispiel: Frankfurt, Flughafen, jeder weiß, dass das Flugaufkommen rückläufig ist. Man will aber eine neue Startbahn.

KUNDE   Wer ist »man«?

FRL. KRAFT   Also, man will eine neue Startbahn. Das Einzige, was da weiterhilft, ist eine Statistik, die eindeutig beweist, dass das Flugaufkommen trotz Rückgang weiter steigt.

HERR KERN   Und bei uns in der Energiewirtschaft funktioniert das in etwa genauso.

KUNDE   Ich verstehe.

HERR KERN   Sie, bei uns geht fei alles mit rechten Dingen zu, weil wir sind ein privatwirtschaftliches Staatsmonopol.

FRL. KRAFT   Nein, Herr Kern, es ist eher ein staatliches Privatwirtschaftsmonopol.

HERR KERN   Des auch.

KUNDE   Ja, was ist es denn jetzt?

HERR KERN   Des is eine einmalige Konstruktion: Der Staat is bei der Stromwirtschaft für die Verluste zuständig, also, die übernimmt er, und die Privatwirtschaft ist für die Gewinne zuständig, also, die stecken wir ein. Und die Privatwirtschaft beteiligt dann wieder die Vertreter des Staates an den Gewinnen.

KUNDE   Ein geschlossenes Szenario …

FRL. KRAFT   Kein Szenario, des is so. Das funktioniert einwandfrei. Und der Staat zahlt die Verluste auch nicht selbst, sondern er hat als Faustpfand oder als Geisel sozusagen den Stromabnehmer.

KUNDE   Ja, aber Stromabnehmer, das sind wir doch alle …

FRL. KRAFT   Eben, und dadurch wird das Ganze ja ein Geschäft.

KUNDE   Für den Stromabnehmer?

HERR KERN   Naa, für die Energielobby, Herrschaft, der is zach, na ja, Redakteur … Sehn Sie, wir haben die gesunde wirtschaftliche Voraussetzung, ein marktwirtschaftlicher Wettbewerb ist gesetzlich eindeutig verboten.

KUNDE   Da müsste doch das Kartellamt einschreiten, für solche Fälle gibt's doch ein Kartellamt.

HERR KERN   Darf es ja gar nicht! Stromverkauf ist ein staatlich garantiertes Monopol.

KUNDE   Aber doch privatwirtschaftlich …

FRL. KRAFT   Ja, des auch. Privat, aber staatlich. Schaun Sie, das sind unsere Energieprognosen … hier, 1965 …

KUNDE   Das ist ja das Doppelte vom tatsächlichen heutigen Verbrauch …

FRL. KRAFT   Die san vom Professor Häfele, dem Vater von Kalkar, der kann sehr gut addieren, der Professor Häfele, beim Subtrahieren tut er sich schwerer. Da, 1970, 1975, 1980 …

KUNDE   Alles völlig überhöhte Prognosen. Ich denke, der Verbrauch stagniert sogar seit zwei Jahren?

FRL. KRAFT   Er geht sogar leicht zurück, aber nach der Bedarfskurve müsste er steigen.

KUNDE   Ja, aber er sinkt doch tatsächlich!

FRL. KRAFT   Ja, der Verbrauch sinkt, aber doch nicht der Bedarf. Der Bedarf steigt doch eher …

KUNDE   Welcher Bedarf denn?

FRL. KRAFT   Wir haben einmal den Investitionsbedarf, den Machtbedarf, den Prestigebedarf, dann den Nachholbedarf …

KUNDE   An was?

FRL. KRAFT   Ja, Prestige …

KUNDE   Und den Strombedarf?

FRL. KRAFT   Ja, das ist mehr Abfallprodukt …

HERR KERN   Ja, und dieser enorme Bedarf, glauben S' mir, er ist enorm, dieser Bedarf, der lässt sich nur durch Kernkraftwerke decken. Weil mit Energiesparen ist ja niemandem geholfen, jedenfalls niemand in der Branche, verdienen kann man eigentlich nur am Energieverschwenden, und dafür is das Kernkraftwerk die ideale Lösung, verstehn Sie?

KUNDE   Ja, und was ist mit dem schnellen Brüter? Der ist doch noch sinnloser.

HERR KERN   Vom Aufwand her mögen Sie recht haben.

KUNDE   Ein richtiges Milliardengrab, in dieses Brüterprojekt sind bisher fünfeinhalb Milliarden verschwunden.

FRL. KRAFT   Moment, die sind ja nicht verschwunden, diese Milliarden, die sind ja verdient worden, die sind ja hängen geblieben, die hat ja irgendjemand verdient.

KUNDE   Wahrscheinlich nicht irgendjemand, und dann kommt dieser Brüter nicht mal zum Einsatz.

HERR KERN   Ja, Gott sei Dank. Er ist ja saugefährlich. Des Gefährlichste, was mir auf'm Stromsektor zur Zeit zu bieten haben, technologisch is des ja überhaupt nicht ausgereift, des kann Ihnen jeder Wissenschaftler bestätigen, oder, Fräulein Kraft?

FRL. KRAFT   Ja, sogar die Brüterforscher warnen davor. Außerdem: Nur wenn der Brüter nicht funktioniert, kriegen wir ein Nachfolgeprojekt. Und das sind die Milliarden von morgen.

KUNDE   Kalkar zwei.

FRL. KRAFT   Genau. Kalkar zwei.

HERR KERN   Und Kalkar zwei wird unter Garantie nicht billiger.

KUNDE   Und das alles zahlt der Stromverbraucher?

FRL. KRAFT   Ja, wer denn sonst? – Sie ham a gute Farbe, warn S' im Urlaub?

KUNDE   Ja.

FRL. KRAFT   Wo?

KUNDE   Italien.

HERR KERN   Aha, ham mir 'n schon.

KUNDE   Wieso?

FRL. KRAFT   Ist Ihnen da was aufgefallen?

KUNDE   Weniger Autodiebstähle als vor zwei Jahren …

FRL. KRAFT   Nein, sonst. War's warm?

KUNDE   Doch, sehr.

FRL. KRAFT   Ist Ihnen aufgefallen, wie wenig in Italien im Sommer geheizt wird?

KUNDE   Ja, schon.

FRL. KRAFT   Und warum wird in Italien nicht geheizt?

KUNDE   Weil's warm ist?

FRL. KRAFT   Ja, sehn Sie. Langfristig spart man am meisten Heizkosten, wenn die Umgebung so warm ist, dass man nicht heizen muss.

KUNDE   Ja, und?

HERR KERN   Der begreift nix. Schaun Sie, genau des wolln mir, und genau des machen mir mit der Kernenergie. So a Atomkraftwerk is ja in erster Linie eine Riesenatmosphärenheizung. Siebzig Prozent heizt's und dreißig Prozent liefert's Strom, mehr nebenbei. Mir müssten jetzt nur noch a paar Kernkraftwerke mehr bauen, a paar Leichtwasserreaktoren, oder meinetwegen auch a paar Brüter, und dann ham mir bei uns ein Klima wie im Mittelmeerraum.

KUNDE   Moment, aber wenn Sie so einheizen, dann schmelzen ja die Pole, das gibt eine Riesenkatastrophe …

HERR KERN   Ja freilich schmelzen die Pole, da hat der Bölkow, und wie die alle heißen, scho recht. Aber des is keine Katastrophe …

FRL. KRAFT   Herr Kern, es ist soweit!

HERR KERN   … sondern ein immenser Wachstumsschub. Ein Segen für jeden, der fünfzehn Meter überm Meeresspiegel wohnt.

FRL. KRAFT   Wir rechnen mit einem Wachstumsschub wie nach einem Weltkrieg. Millionen obdachlose Dänen und Holländer …

HERR KERN   Engländer …

FRL. KRAFT   … brauchen eine neue Heimat. Ein nie da gewesenes Bauprogramm.

HERR KERN   Die Immobilienmakler machen endlich wieder a Gschäft.

KUNDE   Ja, aber halb Nord- und Mitteleuropa ist dann überschwemmt.

HERR KERN   Mag sein, des is aber kein stromwirtschaftliches, sondern ein wasserwirtschaftliches Programm. Wiederschaugn.

FRL. KRAFT   Wiedersehn.

KUNDE   Sie kommen aber schon noch amal?

HERR KERN   Ja, aus dramaturgischen Gründen wird sich's wahrscheinlich nicht vermeiden lassen …

2. AKT

FRL. KRAFT   *telefoniert* Hallo, is da die Fotoagentur Wolf? Ha, hier is Kern & Kraft Werbe GmbH. Sie, mir brauchen wieder a paar männliche Modelle für a Foto an ara KKW-Baustelle, so Typ dynamischer Arbeiter, sechs bis acht Stück – keine Angst, der Job is vollkommen ungefährlich, is ja noch im Bau, nein, da strahlt noch nix, da können S' Ihre Modelle beruhigen. – Was s' anziehen solln? So karierte Hemdn und so Latzhosen, aber nicht zu jung und keine langen Haare, sonst meint ma, es san Demonstranten. Fürn Vordergrund brauchma einen, der muss besonders markant sein, so Typ Vorarbeiter – ah, der von neulich, der bei dem Kinderpüreespot an Vater gmacht hat, ja, der is gut, den nehmen wir. Sie, übrigens, die Aufnahmen neulich mit dem Bauern vor der Überlandleitung, das war ja eine Pleite. Schaun Sie sich Ihre Modelle halt gscheit an. Wir haben einen urigen Bauern mit Pferdegespann bestellt, dabei war es dann a Ökobauer. Vier Stunden ham mir statt fotografieren nix wie diskutiert. Mir ham diese grünen Naturapostel eh gestrichen, die machen uns as ganze Gschäft kaputt. Mir ham zehn Mio Werbeetat für unser Kernkraftprogramm, und nichts geht voran. D' Leut wolln einfach nicht mehr normal verschwendn. Apropos Verschwendung, an Prominenten brauchen mir auch noch, des wird mehr a Softwerbung: Der Prominente steht mit seiner Familie neba am Nachtspeicherofen … an Felmy, naa, der ghört der Kodak … Sedlmayr, der is doch Spatenbräu, der Rudi Carrell, ghört der net der EDEKA? … Naa, Breitner zieht nimmer – Rummenigge vielleicht … wer? Graf Lambsdorff? Nie gehört … Ach, übrigens, bei dene Arbeiter kein Werkzeug, des nach Waffe aussehn könnte, und keine gelben Sicherheitshelme, des erinnert an diese Wapperln, rot erst recht nicht – grün auch nicht … orange, gut, machma orange, also, wie gsagt, sechs bis acht Stück vom Typ Arbeiter, da nehmen S' halt a paar Arbeitslose, de san billiger, bis auf diesen Vorarbeiter, da brauchma, wie gsagt, an Profi, der muss in die Kamera grinsen, wissen S', also so, wie soll ich sagn, so zuversichtlich, also net so, dass ma meint, der ahnt scho was … Ham S' es notiert? Gut, also, Wiederschaugn.

3. AKT

HERR KERN   Sie, i glaub, i hab vorhin am Herrn Dick sein Koffer stehn lassen.

KUNDE   Meinen Sie den?

HERR KERN   Ja, genau, des is er, des is der Koffer vom bayerischen Umweltschutzminister Dick. Da is alles drin, des is das offizielle Schulbildungsmaterial zum Thema Energie, schaun Sie, hier, überreicht durch die KWU und die Bayernwerk AG, pädagogisch einwandfrei, für den jungen Stromabnehmer.

KUNDE   Das ist ja Industrieschleichwerbung in der Schule.

HERR KERN   Nix geschlichen, ganz offiziell.

KUNDE   Ja, aber KWU-Material.

HERR KERN   Und Bayernwerk AG. Des is fast, wie wenn's vom Kultusministerium selber kemmad, Sie, da hat's fei manches Schulbuch schwerer, auf'n Lehrplan zu kommen. In Biologie zum Beispiel.

KUNDE   Das ist genauso, als wenn die Speisekarte vom Wienerwald an bayerischen Gymnasien zu einem offiziellen Lehrstoff erklärt wird.

FRL. KRAFT   Ja, vielleicht kommt's noch.

KUNDE   Das ist ja ein *Totalfilz*.

FRL. KRAFT   Sehen Sie doch nicht alles so negativ. San S' doch froh, wenn sich die Herrschaften gut verstehen. Alles eine große Familie.

HERR KERN   Eine Form von Nepotismus.

FRL. KRAFT   Was ist denn das?

HERR KERN   Nepotismus, das ist Begünstigung unter Familienangehörigen.

FRL. KRAFT   Das ist doch normal.

KUNDE   Nepotismus heißt in Italien auf deutsch *Mafia*.

FRL. KRAFT   Sie müssen's wissen, Sie waren ja *unten*.

HERR KERN   Damit Sie sehen, wie die Familien um den reichgedeckten Tisch der *Kern*energie versammelt sind.

FRL. KRAFT   Schauen Sie, wie kommt man zum Beispiel von BBC zur Salzgitter AG?

4. AKT

HERR KERN   Das nennt man eine kraftvolle Zukunft.

KUNDE   Dafür sorgt der *Energiefilz*.

FRL. KRAFT   Schon wieder. Was heißt denn Filz. Bei uns in Deutschland ist alles sauber in Stromreservate eingeteilt. Da hat jeder Stromerzeuger seine Reservate, und da kassiert er.

Schauen Sie, das sind die Demarkationslinien der neun größten Stromversorgungsunternehmen.

HERR KERN   Da haben Sie ein Beispiel von echtem Föderalismus.

FRL. KRAFT   Wo wohnen Sie?

KUNDE München.

FRL. KRAFT   Aha, dann gehören Sie praktisch den Bayern-Werken.

KUNDE   Das ist ja wie bei den Raubrittern.

FRL. KRAFT   Nein, wesentlich besser organisiert.

HERR KERN   Haben Sie nicht ein Werbepräsent für ihn?

FRL. KRAFT   Aus der Softenergiebox?

HERR KERN Naa, aus'm Kraftpaket. Dean S' a paar her ...

FRL. KRAFT   Moment.

Herr Kern und der Kunde warten. Kurze, peinliche Pause.

HERR KERN   Jaja, so is des, gell, jetzt geht der September aa schon wieder vorbei, so is des ...

KUNDE   Ja, es herbstelt.

HERR KERN   Ham Sie a Ölheizung daheim?

KUNDE   Ja.

HERR KERN   Gell, immer noch as beste.

FRL. KRAFT   So, da haben wir die Tauchsieder. Also der braucht sagenhaft Strom, wenn Sie den fleißig anwenden, dann kommen Sie spielend in die nächstbilligere Stromkategorie rein. Lassen Sie halt am Abend immer noch zusätzlich das Licht brennen, über Nacht, das is gut gegen Einbrecher, und Sie schaffen ihr Stromsoll. Also, ein bisschen Energiebewusstsein, und es geht ... Sie kriegen auch noch einen – *verteilt ans Publikum Tauchsieder* –, Sie auch, und Sie ... diese Tauchsieder gehören zum Servicepaket für unsere neuen Stromkunden.

KUNDE   *spielt mit Solarspielzeug* Was ist denn das?

HERR KERN   Das is a Solarzelle, das ist von den Amerikanern. Aber eigentlich nur für die Amerikaner, die haben eine ganz andere Stromphilosophie. Wir bleiben beim Tauchsieder, gell, Fräun Kraft?

FRL. KRAFT   Ja, mir bleibn beim Tauchsieder, es sind eh schon alle weg.

KUNDE   Toll, Licht wird in Strom umgewandelt.

HERR KERN   Tun S' es weg. Bei uns in Deutschland machen wir den Strom nicht mit Licht, sondern das Licht immer noch mit Strom.

FRL. KRAFT   Wir haben Chefideologen bei uns vom Schlag eines Helmut Kohl … Sagt Ihnen der Name Matschl was?

KUNDE   Offen gestanden, nein.

FRL. KRAFT   Heubl, Pirkl? Riedl, Kiesl, Streibl, Goppel, Seidl, Schedl, Biebl, Zankl oder Dionys Jobst?

KUNDE   Äh …

FRL. KRAFT   Na ja, Sie kennen wahrscheinlich bloß diesen Marx – das sind alles hochqualifizierte Parlamentarier.

KUNDE   Also sogenannte Abstimmungsgesäße …

FRL. KRAFT   Ja, genau, und diese, ah, wie ham Sie grad gsagt …

KUNDE   Parlamentarier …

FRL. KRAFT   Ja, genau, also, diese Parlamentarier, die bürgen dann alle persönlich für unsere Sicherheit. Und diese Sicherheit, die lassen wir uns auch was kosten, also, da sprechen die Zahlen eindeutig gegen diese Grünen. Schaun Sie, ein Beispiel: Gorleben. Das muss ja bewacht werden, dieser Atommüll, der strahlt ja 25 000 Jahre. Mir ham jetzt da zum Beispiel die Sicherheit von Gorleben auf 25 000 Jahre exakt vorausberechnet. Des sind drei Wachmannschaften im Schichtwechsel mit je vier spezialausgebildeten Schäferhunden. Pensionen und Gehälter, Dienstwaffen, Kantinenessen, Weihnachtsgratifikation, Betriebsausflug, Hundefutter, Hundekotentsorgung, turnusmäßig neue Dienstmützen, Strahlenschutzmäntel und diverse Kleinteile, des macht im Jahr 2,7 Mio. – Halt, da is das 624-Mark-Gesetz no net dabei, 2,8 Mio im Jahr, also in 25 000 Jahren macht des genau 3158 Milliarden, 752 Mio, 327 946 Mark und 37 Pfennige. Und bei so einer Summe soll dann einer hergehn und sagen, wir tun nichts für die Sicherheit.

KUNDE   Rechnen Sie immer in solchen Dimensionen?

FRL. KRAFT   Wenn man etwas genau wissen will, kommt man nicht darum herum. Schaun Sie, hier haben wir – vergleichende Vorausschau, heißt das bei uns – eine Statistik von 1782, aus der eindeutig hervorgeht, dass in 200 Jahren, also heute, 68,3 Prozent mehr Postkutschen im Einsatz sein werden und dass ein Postillon auf der Strecke München – Berlin nur noch zwei Grenzen passieren muss.

KUNDE   Und wo sind die Postkutschen?

FRL. KRAFT   Ja, das war ein Irrtum, aber die andere Prognose stimmt exakt. – Jaja, jetzt ist der September auch schon wieder vorbei.

KUNDE   Es herbstelt.

FRL. KRAFT   Wo haben Sie denn das Sakko gekauft? – Herr Kern, wo bleiben S' denn?

HERR KERN   Ah, san mir scho so weit?

FRL. KRAFT   Ich red mir hier an Wolf, jetz is doch Ihr Solo dran …

HERR KERN   Ah so, gut, dann gehn Sie beide bitte ab.
   Fräulein Kraft und Kunde wollen gehen.
   Obwohl, Sie, bleiben S' noch an Augenblick, machn mir noch a bissl Smalltalk, sonst wird's so a harter Übergang.

KUNDE   Ach so, dann is es dramaturgisch raffinierter …

HERR KERN   Ja, beim Shakespeare is des auch immer sehr gut.

KUNDE   Also gut, dann fangen wir an …

HERR KERN   Ja, also, dann. – Ah, wie spät ham mir's denn?

KUNDE   Auauauauau, höchste Zeit. *Geht ab.*

5. AKT

HERR KERN   Übrigens, ah, der bayerische Sozialminister Pirkl, kennen Sie den? Sie, a gscheiter Mann. Sie, der hat gsagt, nach der atomaren Katastrophe ist es die Aufgabe der Ärzte, die Spreu vom Weizen zu trennen. Schaun Sie, in etwa so. *Er hat Spreu und Weizen in der Hand, pustet: Die Spreu fliegt weg, der Weizen bleibt liegen, man sieht außerdem ein Fünfmarkstück.* Öha, wo kommt des her … *Steckt das Geld ein.* – Wissen Sie, meiner Ansicht nach gibt es bei uns in der BRD zwei Kategorien von Menschen: Des eine is der theoretische Mensch, der fiktive Mensch, des is der mündige Bürger, der Homo oralis, also der, den wo's eigentlich gar net gibt, und dann auf der anderen Seite haben wir den konkreten Menschen mit all seinen Sorgen und Nöten, des is der Stromabnehmer, der Homo elektroadaptus. Und die Stromabnehmer in Bayern versorgt die Bayernwerk AG, die machen des sehr zuverlässig, is ja auch koa Wunder, weil, wissen Sie, wer da im Aufsichtsrat sitzt? Der Herr Streibl, bayerischer Finanzminister, der Herr Jaumann, bayerischer Wirtschaftsminister, der Herr Dr. Goppel, Landesvater a. D., is ja auch irgendwie a kulturelles Jahrhundertereignis, so a Kernkraftwerk. Übrigens, der Dr. Huber is jetz Präsident der Bayerischen Landesgirozentrale, des hat sicher auch irgendwie mit Kultur zu tun. Schaun Sie, in den anderen Bundesländern, zum Beispiel Baden-Württemberg, da sitzen in den Aufsichtsräten nur so Staatssekretäre und Ministerialdirigenten, also die zweite Garde, drin, während bei uns scho lieber die Minister selber generöserweise ihre Privatkonten zur Verfügung stellen. Dass da keine falschen Verdächtigungen auftauchen, des hat mit illegal oder so nix zu tun, die Sache geht finanziell und ideell vollkommen korrekt über die Bühne, übrigens auch ideologisch. Und ehrlich gsagt, das Verfahren hat sich bei uns in Bayern bewährt, denn die Prognosen der bayerischen Staatsregierung und die der Bayernwerk AG sind praktisch seit Jahren identisch. Also 122 Prozent Steigerung des Strombedarfs in Bayern bis 1995, kein Schmarrn, des brauchen die, ah, mir brauchen des. Und unter diesem Aspekt muss man auch Kernkraftprojekte wie Dillingen oder Pleinting sehen. Schaun Sie, das sind zwei Kühltürme. Zum Vergleich haben wir hier die Skyline von München davor, hier, Frauentürme, und das hier wäre Pleinting. Also, Solarenergie brauchen die Pleintinger nicht mehr und auch keine Sonnenmarkise, weil sich des Pleinting in den Schatten von diesen Kühltürmen einschmiegen würde. 30 000 Kubikmeter Wasserdampf pro Sekunde haut's naus. Übrigens, bei jedem Leichtwasserreaktor, also Schwaden bis zu sieben Kilometer Wasserdampf sind ganz normal. Damit das Ganze auch in Schwung kimmt, baun mir jetz erst amal durch Niederbayern und die Oberpfalz drei so riesige Strommasten mit je 380 Kilovolt, damit die Sachzwänge vorankommen, weil ohne KKW wärn ja dann diese Leitungen total sinnlos. Also, der Oberpfälzer kann sich dann getrost versechsfachen, für Strom ist gesorgt, vorausgesetzt, Pleinting kommt, weil im Wirtschaftsministerium weiß man auf Anfrage auch nichts

Genaues, gut, die sind ja eh nur eine Art Inkassobüro der Bayernwerk AG, und die Bayernwerk AG sagt wiederum: Was heißt hier mündiger Bürger? In unserer Region gibt's nur Stromabnehmer, und die kriegn a KKW. Gut, man kann sagen, Kernkraftwerk is a alter Hut, es gibt genug technische Alternativen, und vielleicht braucht's des Ganze tatsächlich überhaupts net, aber schaun Sie, mir ham jetz Milliarden investiert, unser ganzes Geld und unser ganzes Prestige hängt praktisch drin. Mir ham massenhaft Leute enteignet, ham Prozesse geführt, ham Tausende von Kommunalpolitikern abgemästet, ham unsere Heimat mit riesigen Strommasten überzogen, ham uns jahrelang für die Kernkraft stark gemacht, ham zig Politiker dazu gebracht, dass sie endlich a kraftvolle Zukunft wollen, und jetz solln wir dieses Pleinting nicht mehr bauen, bloß weil's a Schmarrn is?

BILDUNG

Wo ist Vogi?

Wo ist Koko, hm, woo ist der Koko, hm, ja, hm, hhhh, woo ist der Koko, hm, wo ist denn der Koko, woo ist der Koko – Kooko – hm, tztztztz, wo ist Vogi, hm, wo ist Vogi, hm, wo ist denn Vogi, wo ist Vogi, hm – Voogi, jaaa, Koko – hm, wo ist Koko – Koko – wo ist der Koko, hm, Vogi, hm, Vogili, hm, jajajaja – Voogi – schöner Koko, hm, feiner Koko, jajaja, ist der Koko, ist der Koko – Vogi – jajaja, woo ist Koko, hm, wo is er, wo ist der Koko – *Koko pfeift zweimal* – da ist der Vogi, jajaja, Koko.

Der Ordensträger

Arno Ameisgruber sitzt mit seinem Rassehund Harro von Riemer-
schmidt-Meiningen im Biergarten.

Aa, schaugn S' her, des is ois. Karnevalsorden wider den tierischen
Ernst. Hab ich bekommen, vorige Saison. Ich mein, freilich, im
Alltag selbst bringt er wenig, aber es macht doch immer einiges
her, wenn man einen aufzuweisen hat, an Orden. Von Rechts
wegen hätt i ja scho lang an richtigen Orden verdient, weil, wenn
der Schmitzberger schon oan kriagt hat, na müaßad i eigentlich
scho a ganze Schubladn voll habn. Aber was da heutzutag alles an
Orden kriagt, da fragt ma sich. Des san zum Teil Leut, die s' vor
vierzig Jahrn no vergast hätten, als Schädlinge, heut kriagns an
Orden, so schaugt's aus. Aber dieser Schmitzberger, der hat sich
sein Orden ja förmlich dersessen. Um dem seine Verdienste sans
dann letzten Endes nimmer drumrum kemma. Dreißig Dienst-
jahre, Sie verstehen. Ohne an Orden waar eahna der gar nimmer
in Pension ganga. Übrigens, ich hab den Orden von dem Schmitzberger, den hab ich persönlich begutachtet, und ich sag Ihnen
ganz ehrlich, Legierung und Qualität – miserabel. A Eiserns
Kreuz, des war wenigstens no aus Eisen, aber heutzutag – Leicht-
metall, schlecht verchromt, grad dass s' koan Plastik nehmen.
Dazu kimmt, de Räume mit Zentralheizung, de machan de
kaputt, und auch wenn's regnet, feuchte Witterung, man kann ihn
praktisch kaum mehr anlegen. Der Schmitzberger hat den seinen
natürlich glei optimal konserviert mit diesem Mumifizon oder so.
Vorher hat er ihn noch fotografieren lassen. Wenn er 'n herzoagt,
dann nur noch auf dem Foto. Der Schmitzberger packt 'n glei gar
nimmer aus. In der Familie ham mir natürlich schon auch welche
daheim. Nahkampfspange, Eisernes Kreuz, alles da, aber mit de
Kriegsorden geht im Moment natürlich sehr wenig. Mir ham halt
im Augenblick koan direkten Krieg quasi. Aber a harte Geschäftswelt hamma scho. Also so was wie eine Nahkampfspange für
Gschäftsleut müaßad's eigentlich durchaus auch geben. Aber dass
s' mi heuer aa scho wieder auslassen ham, des versteh i net, weil i

waar ja ursprünglich scho vor zwei Jahr fällig gwesn – verdienst-
mäßig. Andererseits, an jedem kann man 'n aa net geben, des waar
ja wie bei der Inflation. – Oamal bin i ja scho knapp an der Lebens-
rettungsmedaille vorbeiganga. Der Lebensmüde hupft nei, No-
vember, wohlgemerkt, denk i mir, holst ihn außi. Aber wia i mei
Sakko auszogn hab, war keine Seele weit und breit, wo auf mei
Brieftaschn hätt aufpassn können. I hab über hundertvierzg Mark
dabeighabt, gell. Bin i in d' Wirtschaft nei und hab am Wirt mei
Sakko angeboten zum Aufpassen. Wie i nachert kemma bin, war
er scho dasuffn aa. Nix mehr z' macha. Des is unheimlich rasant
ganga. – O mei, a Viech müaßad ma sei. – Da, mein Hund, der
Harro von Riemerschmidt-Meiningen – ja, brav, Harro, ja wo is
er denn? –, ein Rassehund durch vier Generationen. Des kann i
beweisen, i hab an Ahnenpass dahoam. Unser Harro, der is heuer
World-Champion wordn auf der internationalen Hundeschau.
Mir samma scho Hundling, gell Harro? – Wenn i eahm net so gut
gfüttert hätt, hätt er's nie erreicht. Er hat ja immer nur 's Beste
kriagt, mir ham uns unsern Orden scho verdient, gell, Harro? Ja,
brav! Ich mein, letztlich bin ich ja für den Orden von meim Hund
zuständig. Ein World-Champion, da werd si der Schmitzberger
mit seinem Bierdackl schwerdoa. Da, schaun S' her, den ham mir
bekommen. *Er hängt sich Harros Orden um.*

Ein Radiohörer

I woaß gar net, warum si de Leut so aufregn! Für mi hat der Bayerische Rundfunk ein vielseitiges Programm, weil die ham ja
schließlich vier Programme, und des muaß ma doch amal ganz
klar sehng, gesendet werden muss immer, wenn's oam net passt,
kann er ja abschalten, und eines muss auch amal ganz klar sein,
dass des Programm, eigentlich is's ja gut, gell, und wenn oaner
wirklich an Kummer hat, dass's eahm net gfallt, na kann er ja auch
dem Fred Rauch schreiben, net, und dann kann er einen direkten
Einfluss auf das Programm nehmen. Des konn i beweisen, weil
mir ham ja auch diese Muttertagsgrüße, die ham mir also aufgege-
ben, und die san termingerecht, gell, termingerecht angekommen
san de, noch am selben Tag angekommen. I moan, des soll amal de
Post nachmacha, mir ham Kartn weggschickt, de san erst an Tag
später okemma, und da sagns nix, und außerdem, sagnma amal,
wenn oaner was Gscheits hörn will oder was Schmissigs, na ko er
ja an Ödrei eischaltn, bloß für an bayerischen Straßenzustands-
bericht san de net zuständig, gell, aber als Anregung im Rahmen
eines internationalen Kulturaustausches kannt's des scho bringa,
beim Wetterbericht gibt's des scho. I moan, freili, beim Fernsehn
is ja vui bessa, weil ans Fernsehn kann ja der Radio in dem Sinn
glei überhaupt net hischmecka. Des is klar, gell, weil s' immer
sagn, kulturell is's einseitig, ja mei, der Beethoven, der muaß aa sei,
ja, de kenna ja net oiweil den Schockemöhle und de Neuen da
immer eisetzn, meines Erachtens, gell, i moan, de lassn ja eh scho
heit de Kabarettisten, de derfa ja auch zum Zug kemma, gell,
obwohl de jetza im eigentlichen Sinn gar net staatstragend san,
und aa d' Religiona, de lassns ja aa zua, Katholiken sowieso, auch
Evangelische, gell, und sogar d' Juden und de Gastarbeiter, da hat
a jeds sei eigne Sendezeit. I find überhaupts, ma muaß schon an
Reschpekt habn vorm Sender, gell, weil i moan, de sendn ja praktisch an ganzen Tag, gell, vierundzwanzig Stunden lang, und dann
ham de bloß fünf Minuten Sendepause, gell, des muaß eahna bloß
amal oana nachmacha. Und wos hoaßt Einseitigkeit, de ham an
Schlager und a leichte Musi, zum Beispui der Heino und d' Vicki

Leandros, aber de ham aa d' Regensburger Domspatzen, de lassns
aa hi, net, i moan, des is hoit wia ois zu seiner Zeit, des is hoit wia
a Potpourri, net, i moan, mit der Politik, des is klar, da hört natür-
li der Spaß auf, gell, weil in'n Radio mecht doch heitzutog a jeder
nei, gell, und do miaßns aufpassn, dass koaner neikimmt, obwohl,
des is logisch, dass der Landesvater sei Silvesteransprach haltn
derf, i moan, dafür hamma 'n ja gwählt, des erfordert ja schließli
scho der Anstand, net, des is ja klar, des geht ja a gor net, dass de
irgendwelche Politraudi do neilassn, de dadn ja nix anders, als wia
den ganzen Tag den Marx obalesn. Da muaß i scho sagn, da
weradn d' Leit bäs, da machas net mit, gell, des geht ja gor net. Ob
der russische Radio genau aso gmiatlich is wie der Bayerische
Rundfunk, des mecht i bezweifeln, gell, der Radio, und von dem
Aspekt miaßdnma des aa amal betrachten, is für mi eigentli bloß
ein Geräusch, gell, i moan, weil hinhörn duat ja net immer oiwei
oaner, weil es gibt aa Leit, de stellen ihn immer leise, oder manche
schalten ihn überhaupt aus, gell, es gibt Leit, de hörn den praktisch überhaupts net, aber gsendet werden muss immer, des is ja
ganz klar, i dua ja aa, nach dem Essen, hör i ma so de Musik nach
Tisch o, gell, und wenn de Nachrichtn kemma, nacha wach i
automatisch auf. Ganz ehrlich gsagt, es gibt aber aa scho Grenzfälle, gell, weil zum Beispui, i war vor vier Wochen im Krankenhaus
glegn, Bauchspeicheldrüse, Pankrias, Sie vastehnga, gell, und do is
so a oida Mo neba mir glegn, der war praktisch im Sterbn glegn,
scho am Obisegln hoid, und a so a junga Kampe, der hod oiwei de
Bedri laffa lassn, des muaß do net sei, dass oana, wann er am
Obisegln is, aa no an Bedri hörn muaß. Mi hod aa oiwei des
scharfe Dadüdatüdatüdat gstört. Da hod si bei mir ois zammzogn.
Und wenn i überhaupt a Kritik anmelden dad am Bayerischen
Rundfunk, dad i sogn, de solln des ruhig schneidig spuin, gell,
aber doch vielleicht liaba auf am Hackbrett, wia im Ersten Programm hoid aa. Aber sonst, des muaß i scho sagn, is meines Erachtens nach beim Radio musikalisch und kulturell alles in Butter.

Creative Center

1. TEIL

Bei Ismeier, Junglebar & Partner.
Ein Creative-Studio. Sam Ismeier hängt gerade am Telefon, sein
Drehstab wartet.

Im Nebenraum: ein Hase im Gespräch mit einem anderen Hasen.

HASE 1   Ich sage dir, Gustl, bei Bergman kommt immer wieder
der Steinbock durch.

HASE 2   Wieso, ich dachte, Ingmar ist doch Widder.

HASE 1   Aber doch nur im Aszendenten.

ISMEIER   *am Telefon* I hab's eich doch scho gsagt, kontaktets
doch erst mal New York, dann machts a Connection nach
Paris, und dann schauma weiter. Sonst kriangma doch koa
Feedback. Es seids doch Dilettanten! Ohne Feedback ist doch
der gesamte Marketing-Service a Witz. I wart auf a Feedback,
also, ohne an gedeckten Scheck geht gar nix!
Ein Werbehase schaut schüchtern zur Tür herein.

HASE   Hallo, äh …

ISMEIER   Ja sehn Sie denn nicht, dass ich hier telefonier, wer hat
mir denn diesen Arsch hier hereingeschickt? *Zum Hasen* Sie
können nach Hause gehn, guter Mann, ich lege auf Ihre Mit-
arbeit keinen Wert mehr. – Hupsi, an Augenblick, i hab grad
an Trouble, i werd nimmer gscheit abgschirmt. Wo is denn die
Babsi?! *Zum Hasen* Ja, gehnga S' doch, des Finanzielle regelt
der Herr Seltmann. Herr Seltmann, bitte …

HASE   Entschuldigung, ich wollte doch nur …

ISMEIER   Sie haben hier nichts zu wollen. Hinaus! *Der Hase*
geht. Also Hupsi, New York, Paris, Wien, und Recall. Du, i
bin grad unheimlich im Stress, also Hupsi, later, gell, okay
dann, tschüs!
So, wo warnma? Ah ja, Günter, der nächste bitte.

KUNDE   Also, Herr Ismeier, was is denn nu!

ISMEIER 'tschuldigen S', Herr Berlinghoff, Sie sehn ja selber, i werd pausenlos molestiert …

HASE 1 Ich sag dir, Fassbinder hatte von Film keine Ahnung.

HASE 2 Null!

HASE 1 Der hätte sich mal mit Eisenstein beschäftigen sollen.

Ein Hase wird von Günter hereingeführt.

ISMEIER Guten Tag, ah, nun zu Ihnen, ah, wie war Ihr Name?

HASE Wolf, Rüdiger.

ISMEIER Schön, Herr, ah, Wolf, Sie wissen Bescheid, worum's geht, also den Text haben Sie gelesen?

HASE *schüchtern* Ja.

ISMEIER Okay. Also, passen S' auf, es muss Power haben, net, es muss suggestiv wirken, und es muss oan antörnen, ich mein, es muss halt einfach einpfeifen, so, dass man zugreifen will, oder besser, zugreifen muss. Okay? Also, Sie kommen von rechts, setzen sich da auf den Stuhl da, und dann Text, also bitte, fangen mir an, Ruhe, eine Probe! Also bitte!

HASE *setzt sich auf den Stuhl* Hmhm, er ist es, äh, das ist er …

ISMEIER Vielen Dank, vielen Dank, Herr, ah, Dings, das war's, unser Herr Seltmann ersetzt Ihnen dann Ihre Fahrtkosten. Der Nächste bitte! *Zum Kunden* Des hat koan Sinn mit dem …

KUNDE *nickt* Witzlos …

Das Telefon läutet, Babsi hebt ab.

BABSI Ismeier, Junglebar and Partner, grüß Gott … Der Herr Ismeier? Moment …

ISMEIER Wer?

BABSI Der Herr van der Waal.

ISMEIER *winkt ab* I bin grad beim Essn.

BABSI Tut mir leid, Herr Ismeier ist gerade zu Tisch. – Ja, er isst gerade. Ich werd's ausrichten, danke, Wiederhörn.

ISMEIER Ah, Günter, der nächste Hase … *Zum Kunden* Sie sehn selbst, Herr Berlinghoff, es ist schwierig. De warn bisher alle wenig inspiriert.

KUNDE Der Geist des Produktes müsste auf alle Fälle mehr zur Geltung kommen … Tja.

Günter holt einen neuen Hasen.

Im Nebenraum:

HASE 1   Ich sage zu Schlöndorff: Volker, du kannst das so nicht bringen, du brauchst mindestens zwei Kameras …

GÜNTER   Wenn Sie jetzt bitte …

HASE 1   Okay, Gustl, ich muss auf'n Dreh, wir sehn uns dann am Stammtisch, okay?

HASE 2   Tschau, und toi, toi, toi …

Günter führt den neuen Hasen zum Motiv.

ISMEIER   Also, grüß Sie Gott, Herr, wie war Ihr Name?

HASE 1   Mechow.

ISMEIER   Ja, also, Herr Mechow, Sie wissen, es ist nicht einfach, die Aufgabe, die Sie haben – Sie sollten das nicht unterschätzen, was wir hier machen, is anspruchsvolles Advertising …

HASE 1   Ich war schon bei Jogimaus-Kinderpüree mit großem Erfolg dabei, ham Sie zufällig den Spot gesehen?

ISMEIER   Jaja, ich glaub schon, also schaun mir mal, Herr, ah …

HASE 1   Mechow …

ISMEIER   Herr Mechow, also, bitte lassen S' uns doch amal Ihre Gestaltung sehn … Text is Ihnen vertraut?

HASE 1   Selbstverständlich, ich bin Profi.

KAMERAMANN   Sam, ich muss leider gleich ein Problem anmelden. Schau, ich schneide hier mit den Hasenohren, oder ich muss unheimlich total werden.

ISMEIER   James, lass uns des später regeln. Also, okay, bitte Ruhe, Probe, Ruhe bitte! Also, bittschön …

HASE 1   Hmhm, das ist er, der rosarote Fertigschmeck!

ENTERTAINER   Keine Kalorien, kein Fett, kein Eiweiß, keine Kohlehydrate …

ISMEIER   Stopp, des reicht, danke einstweilen, ah, Herr Moloch, nicht uninteressant, aber mei … i woaß net …

HASE 1   Aber wir haben doch noch gar nicht den Text gearbeitet?

ISMEIER   Jaja, schon, ah, Sie hörn von uns auf alle Fälle, ah, Herr Seltmann, bitte kümmern Sie sich um an Herrn Moloch. *Zum Kunden* Da, Sie sehn's ja selber, des muss eine Frau präsentieren, weil uns fehlt sonst der feminine Touch, a bissl was Brustigs, haha …

KUNDE   Tja, vielleicht haben Se recht. Na ja, Herr Ismeier, machen Se mal …

ISMEIER   Okay, also, Herr Seltmann, de Herrn können pauschal nach Hause gehn, de Herrn san en bloc gestorben. Jetz amal de Damen, Günter, die erste Dame bitte …
Günter führt einen dicken Hasen herein …

ISMEIER   Ah ja, schon gut – Herr Seltmann!

HASE   Wo soll ich denn jetzt …

ISMEIER   Danke, das reicht uns einstweilen, Herr Seltmann … Herr Seltmann! Geh weiter, Hans?! Winkt Seltmann her. Doch koa Butterschmalz! Hasen, Günter, einen Hasen! Bunny, vastehst!

GÜNTER   Okay, mal sehn …

ISMEIER   Mein Gott, Sie sehn's ja, Herr Berlinghoff, mit solchen Katastrophen müssen mir ständig arbeiten. I bstell a Frau und krieg a Geisterbahn …

KUNDE   Tja, bei Brockdorf & Artbraker kennt man solche Probleme nicht, na ja, die waren leider ausgebucht.
Günter bringt neuen Hasen.

ISMEIER   Ah ja, jetzt san mir scho näher dran … *Zum Kunden* Warten S', jetzt biet ich Ihnen was an … *Zum Hasen* Servas, Schatzi. Also, schaug, da, des is der Herr Berlinghoff, unser Auftraggeber, i hoaß Ismeier, da Text is dir bekannt, oder?

HASE   Tag, Herr Berlinghoff, Text? Na klar …

ISMEIER   Okay dann, Günter, sorg bitte für Ruhe, wir proben hier! Also pass auf: Du kommst da von rechts, setzt dich auf den Stuhl, da is die Kamera, gell, da hinein die Message, un des da, des is der Joe Canaris, ein Spitzenentertainer, der bringt dann an Respons …

ENTERTAINER   Hi …

ISMEIER   Und dann, also ganz wichtig: werbewirksam beißen. Des is ganz wichtig.

HASE   Alles klar.

ISMEIER   Okay, dann eine Probe. Bitte Ruhe, Herr Seltmann, Ruhe. Hansi, was is denn?! Ruhe! – Okay dann, Action!

HASE   Hmhm, das ist er, der rosarote Fertigschmeck!

ENTERTAINER   Keine Kalorien, kein Fett, kein Eiweiß, keine Kohlehydrate …

HASE   Fertigschmeck. Jetzt im praktischen Wegwerfdöschen ... *Beißt in den Fertigschmeck, verzieht das Gesicht* ... Iii, wie schmeckt denn des ...

ISMEIER   Aha, okay, nicht uninteressant. Samma schon näher dran.

KUNDE   Etwas mehr Schmackes, vor allem beim Reinbeißen.

ISMEIER   Hör zu, Lady, des war nicht uninteressant, aber du warst noch a bissl out. Mehr Power und Engagement, sonst war's top.

HASE   Na, beim ersten Mal. War doch nur 'ne Probe.

ISMEIER   Jaja, scho, ah, mehr Begeisterung und hart am Produkt stehn. Okay? Joe, du bleibst so. Echt top. Nur nach Kohlehydrate noch a bissl mehr grinsn.

ENTERTAINER   Okay, Sam, once more ...

ISMEIER   Also no mal, bittschön, ah, wie war dei Name?

HASE   Chantal Brucker-Lau ...

ISMEIER   Also, Chantal, no mal, jetzad mit Inspiration. Bitte Ruhe, ah, nehmma scho mal oane mit. Ton!

TONMANN   Läuft!

ISMEIER   Kamera!

KAMERAMANN   Läuft!

ISMEIER   Klappe!

GÜNTER   Fertigschmeck eins, die erste.

ISMEIER   Und Action!

HASE   Hmhm, das ist er, der rosarote Fertigschmeck.

ENTERTAINER   Keine Kalorien, kein Fett, kein Eiweiß, keine Kohlehydrate ...

HASE   Fertigschmeck. Jetzt im praktischen Wegwerfdöschen. *Im Hof Lärm.*

ISMEIER   Aus! Aus! Was is denn des für a Radau?! Herr Seltmann, wir drehn hier. Aso kann ma doch koa Kreativität entfalten!

Hase Mechow kommt empört herein.

HASE I   So geht das nicht! Mir wurde An- und Abfahrt per Taxi zugesichert!

ISMEIER   Machts des doch aus, wenn mir fertig san! Mir machen hier einen Film und keine Kaffee-und-Kuchenfahrt!

Ruhe!! Herr Seltmann, wo ham Sie denn diesen Arsch engagiert?

HASE I   Aber mir wurde Taxi zugesichert ...

ISMEIER   Wenden Sie sich doch bittschön an den Herrn Seltmann, aber machts des draußn aus, bittschön, meine Nerven. *Seltmann zerrt den Hasen hinaus.*

Schad, des hätt's sein können, und dann dieser Trottel mit seim Taxi, verdirbt ois. Schatzi, duat ma leid, noch amal, aber genauso frisch wie vorher. Günter, ein neuer Fertigschmeck! Intensiv, plakativ. Okay, neuer Dreh, Ruhe! Ton.

TONMANN   Läuft!

ISMEIER   Kamera!

KAMERAMANN   Läuft!

ISMEIER   Klappe!

GÜNTER   Fertigschmeck eins, die zweite.

ISMEIER   Und Action!

HASE   Hmhm, das ist er, der feuerrote Fertigschmeck.

ISMEIER   Aus. Aus! Schatzi, wie hoaßt du glei wieder?

HASE   Chantal.

ISMEIER   Chantal, schaug, des Produkt ist rosarot, rosaroter Fertigschmeck.

KUNDE   Tja ...

HASE   Entschuldigen Sie bitte ...

ISMEIER   Okay. Once more! Ruhe! Ton!

TONMANN   Läuft!

ISMEIER   Kamera!

KAMERAMANN   Läuft!

ISMEIER   Klappe!

GÜNTER   Fertigschmeck eins, die dritte.

ISMEIER   Und Action, please ...

HASE   Hmhm, das ist er, der rosarote Fertigschmeck!

ENTERTAINER   Keine Kalorien, kein Fett, kein Eiweiß, keine Kohlehydrate ...

HASE   Fertigschmeck, jetzt im praktischen Wegwerfdöschen. *Beißt hinein.*

ISMEIER   Okay, gestorben. *Zum Kunden* Und?

KUNDE   Alles fabelhaft, aber sie hat nicht überzeugend reingebissen.

ISMEIER   Wieso?

KUNDE   Das Hineinbeißen muss überzeugen. Dieser Biss in den Fertigschmeck ist fast wichtiger wie der Code ...

ISMEIER   Ah, Hasi, amal eine Probe, nur das Reinbeißen, ohne Kamera, bitte, Günter, an neuen Fertigschmeck ... Okay, Action!

HASE   *beißt in den Fertigschmeck* Is es so?

ISMEIER   Etwas gieriger und a bissl bissiger.

HASE   Aber das Zeug pappt so, das geht nicht. Ehrlich, unmöglich.

2. TEIL

ISMEIER   Und Action.

HASE   Ich kann nicht mehr, ehrlich ...

ISMEIER   Du packst des scho, gleich eine drauf. Bitte Ruhe! Ton!

TONMANN   Läuft!

ISMEIER   Kamera!

KAMERAMANN   Läuft!

ISMEIER   Klappe!

GÜNTER   Fertigschmeck eins, die vierzigste.

ISMEIER   Und Action!

HASE   Hmhm, das ist er, der rosarote Fertigschmeck.

ENTERTAINER   Keine Kalorien, kein Fett, kein Eiweiß, keine Kohlehydrate ...

HASE   Fertigschmeck, jetzt im praktischen Wegwerfdöschen. *Biss, Hustenanfall.*

ISMEIER   Ja, des darf natürlich net passiern. Gleich eine drauf.

HASE   Ich glaub, mir is schlecht.

ISMEIER   Ja, gleich ham mir's. Also, Ruhe! Ton!

TONMANN   Läuft!

ISMEIER   Kamera!

KAMERAMANN   Läuft!

ISMEIER   Klappe!

GÜNTER   Fertigschmeck eins, die fünfzigste.

ISMEIER   Action!

HASE   Moment. *Stößt auf.* Hmhm, das ist er, der rosarote Fertigschmeck!

ENTERTAINER   Keine Kalorien, kein Fett, kein Eiweiß, keine
Kohlehydrate.

HASE   Fertigschmeck. Jetzt im praktischen Wegwerfdöschen.
Biss, Grimasse ...

ISMEIER   Okay, gestorben. Sehr gut. Sehr intensiv. Danke.
Zum Kunden Was meinen Sie?

KUNDE   Wie auf 'ner Beerdigung. Viel zu traurig. Kein Pep!
Hier fehlt die innere Affinität zum Fertigschmeck. Das muss
strahlen. Besonders beim Beißen. Zeigen Sie Zahnfleisch,
gnä' Frau, ich denke hier an ... zum Beispiel Hundenahrung.

ISMEIER   Aber sie hat doch schön gebissen ...

KUNDE   Jaja, aber ... Sie verstehen, Fertigschmeck ist, das ist
eben ... na ja, machen S' es noch mal ...

ISMEIER   Okay, ah, Chantal, hast as ghört – once more ...

HASE   Darf ich's hinterher ausspucken?

ISMEIER   Mei, wart halt, bis d' Kamera aus is, aber sonst, im
Prinzip ... *Fragender Blick zum Kunden.*

KUNDE   Nein, nein, sie muss es nicht essen, es muss nur so wirken.

ISMEIER   Okay, Achtung! Ton!

TONMANN   Läuft!

ISMEIER   Kamera!

KAMERAMANN   Läuft!

ISMEIER   Klappe!

GÜNTER   Fertigschmeck eins, die einundfünfzigste.

ISMEIER   Und Action!

HASE   Hmhm, das ist er, der rosarote Fertigschmeck.

ENTERTAINER   Keine Kalorien, kein Fett, kein Eiweiß, keine
Kohlehydrate ...

HASE   Fertigschmeck, jetzt im praktischen Wegwerfdöschen.
Biss, spuckt aus. Bah, is mir schlecht.

ISMEIER   Mein Gott, die wär's gewesen! Zu früh ausgespuckt.
Beißen, grinsen, zwei Sekunden genießen, und dann ausspuk-
ken.

HASE   Aber das schmeckt so widerlich.

KUNDE   Tja, gnä' Frau, wir machen hier Werbung. Is doch Ihr

Beruf. Ihnen muss es doch auch nicht schmecken, sondern Millionen von ...

HASE   Kann ich mal kurz an die Luft?

ISMEIER   Hasi, mir san so nah dran. No oane drauf, und mir ham's überstanden.

HASE   Okay, ich glaub, es geht schon wieder. Aber wirklich die letzte ...

ISMEIER   Ehrenwort. Sonst legnma a Pause ein. Okay! Ton!

TONMANN   Läuft!

ISMEIER   Kamera!

KAMERAMANN   Läuft!

ISMEIER   Klappe!

GÜNTER   Fertigschmeck eins, die zweiundfünfzigste.

ISMEIER   Action!

HASE   Hmhm, das ist er, der rosarote Fertigschmeck!

ENTERTAINER   Keine Kalorien, kein Fett, kein Eiweiß, keine Kohlehydrate ...

HASE   Fertigschmeck, jetzt im praktischen Wegwerfdöschen. *Beißt hinein.*

ISMEIER   Fabelhaft. Gekauft.
Der Hase kotzt.

ISMEIER   Du warst riesig, Schatzi, einwandfrei ...

SELTMANN   *zum Hasen* Geht's besser?

HASE   Bitte, Fenster auf.

KUNDE   Bringt ihr 'n Magenbitter auf meine Rechnung. Tja, fabelhaft, Herr Ismeier. Ganz nebenbei, unser nächstes Produkt ist eine neue Instant-Schildkrötensuppe. Ich dachte an ein Arrangement zwischen einer Riesenschildkröte und 'nem Mönch, der die Sache irgendwie genießerisch anreißt.

ISMEIER   Ja, des törnt. Okay. Mir lassen uns da was einfalln, Herr Berlinghoff. Wenn's dem Hasen net besser werd, na holts de Johanniter – deads as daweil naus, mir müssn a neues Produkt besprechen.

ENTERTAINER   *leise für sich* Mhm, Mönch, auch nicht schlecht.

Die Pressekonferenz

Nachwuchsstar Maja, Joe Nicklas, Mike Semmler und Garry Wiesler in einem winzigen Nebentrakt neben dem Konferenzraum B im Sheraton-Hotel. Mike und Garry sortieren PR-Material.

MIKE   Ich könnte ja noch mal versuchen, dass wir sie in *Wetten, dass ...?* reinwürgen.

JOE   Vergiss es. Dafür ist sie noch zu unbekannt.

MIKE   Oder bei Kuli.

JOE   Scheiße, forget it! Erst mal 'n Marsch durch die Privatsender. Zehn kleine Gigs sind 3000 verkaufte Singles mindestens. Also, Maja, pass mal auf. In dieser Konferenz jetzt geht es nur um dich – verstehst du? Aber reden tu nur ich – und zwar ausschließlich.

MAJA   Na ja, aber wenn i was gfragt werd?

JOE   Nur ich antworte. Höchstens noch Garry oder Mike. Aber du hältst die Klappe.

MAJA   Aber im Vertrag hab i doch ...

JOE   Ich kenn deinen Vertrag, aber wir müssen dich doch irgendwie verkaufen, Mädel Mensch, nimm den Kaugummi raus.

MIKE   Selber reden kannste mal, wenn's 'n Hit geworden is. Joe blickt da einfach besser durch, kapiert?

MAJA   Aber, ich hab gedacht ...

JOE   Denken kannst von mir aus jederzeit, aber reden tu nur ich. Ist das klar?! So, und jetzt raus. Garry, geh mal voraus mit den Infos.

MIKE   Aber, es sind erst fünf Presseheinis da.

JOE   Mehr werden's nicht. Also – on stage. Und nochmals – du hältst die Klappe, ich rede. Alles klar!
Sie gehen in den Konferenzraum.
Hallo. Meine Herrschaften, ich glaube, wir können anfangen. Schauen Sie sie an. Da sitzt sie. Das ist die Maja. Uns allen ist sie ja noch sattsam in Erinnerung mit ihrer ersten Single *Wo du gehst.*
Schaun Sie, wie sie sich gemacht hat. Aus Maja Hoffmann ist

die Maja geworden. Mit ihrer neuen Single die wir Ihnen heute hier vorstellen, bringt die Maja eine neue Dimension in ihre Musik und ins Showbusiness – ihre Persönlichkeit. Wissen Sie, Showtalent haben heutzutage viele. Hören Sie sich doch nur mal diese Dutzendware an. Aber bei der Maja schwingt in ihren Songs etwas mit, was man nicht ersetzen kann, etwas, was man hat oder eben nicht hat, und die Maja hat's. Die Maja hat hart an sich gearbeitet, und was dabei herausgekommen ist, das kann sich hören lassen. *Legt Majas Single auf.* Das ist ihr aktueller Hit: *Dies ist mein Leben.* Also alle, denen wir's vorgespielt haben, sind dermaßen drauf abgefahren, dass wir uns entschlossen haben, gleich noch 'ne internationale Version auf'n Markt zu werfen. Hier also nochmals – die Maja mit: »It's my life«. Dahinter steckt 'ne Menge Philosophie, Lebenserfahrung und die Sehnsucht nach Persönlichkeit. Das zahlt sich eben aus. Das ist ein Kapital, das ihr keiner nehmen kann. Für Südamerika ist noch 'ne spanische Version in Vorbereitung. Ich glaube, Sie haben reingehört. Sie können se ja zu Hause in Ruhe ganz anhören. Wenn Sie noch irgendwelche Fragen haben, können Sie jetzt ganz ungeniert … äh, dafür sind wir ja da schließlich, nicht?

JOURNALIST   Wie viele Sprachen sprechen Sie?

MAJA   Mei, also Englisch hab i auf der Handelsschul …

JOE   *rempelt Maja an* Sie spricht fließend Deutsch, Englisch, redet gut Spanisch, und zur Zeit büffelt sie Französisch. Wann immer ihr Zeitplan es zulässt.

JOURNALIST   Welche Hobbys haben Sie?

MAJA   Mei, Fernsehn …

JOE   *übergeht Maja* Sie liest sehr gern. Dann Bewegung, Tanz. Überall, wo Action ist, ist sie dabei. Ski fahrn …

MAJA   Naa, i fahr net Schi.

JOE   Ski fahrn tut sie sehr gerne, und natürlich singen. Gesang – das ist ihr Leben. Sonst noch irgendwelche Fragen?
Nichts rührt sich.
Tja, dann würd ich sagen: Sie können fotografieren.
Drei Journalisten knipsen.

MAJA   Aber, i wollt doch nachert noch amal sagn: I fahr net Schi. Weil i find, des is a Schmarrn irgendwie …

JOE   Ja, schön.

MAJA   I hab amal an Schikurs gmacht, aber …

JOE   Ich glaube, das reicht. Unser Flieger wartet – nich wahr, Maja?

MAJA   Wieso? Welcher Flieger?

JOE   Hamburg!

MAJA   Was? Hamburg?

JOE   Ja, Hamburg. In Hamburg hat die Maja noch 'ne Gala heute abend.

MAJA   Davo woaß i ja no gar nix …

JOE   Die Maja bedankt sich für Ihr Interesse. Los, Kindchen, wir müssen – höchste Eisenbahn … *Zieht Maja wieder ins Nebenkabuff.*

MIKE   Möchte jemand von Ihnen vielleicht noch 'n Lebenslauf und die Air-play-Dates?

MAJA   Wieso, was is 'n in Hamburg? Davo woaß i ja no gar nix.

JOE   *zu Maja* Fräulein Pfefferle, mit Ihnen red ich nicht mehr.

MAJA   Ja, wieso?

JOE   Sie sind für mich gestorben.

MAJA   Ja, aber, ma werd doch noch amal sei Meinung sagn dürfn. Sie ham doch selber gsagt, des mit der Persönlichkeit und so.

JOE   Sie sind für mich gestorben, und mit Leichen red ich nicht.

UMWELT

Ein Protestanruf

Herr Waechter geht ans Telefon.

Jetz muss amal was gschehn. Des is jetz scho der dritte Baum in meim Gartn, der verreckt. *Er zeigt Fotos.* Schaugn S', des war de Stechfichtn, de is vorigs Jahr, innerhalb von drei Monaten is de zammbröselt wie ein Zwieback.

Dann is unser Rotbuche, is so braun worn, und jetz die Blautanne. Die is jetz praktisch mehr gelb – kanariengelb! Des is doch koa Farb für a Blautanne. Also, jetz ruf ich an, des lass ich mir nimmer gfalln. Jetz muss was passiern.

Er wählt die Nummer.

Jaa, hier Bayerische Staatsregierung? Sie, ich brauch jemand vom Umweltministerium, ja, aber dringend. Des is praktisch ein Notfall! Ja, is gut, ich warte.

Waechter wartet circa eine Minute, dann hängt er ein.

Diese unsere Welt

1. TEIL

Petra Zitzl-Dumont (Z. D.), Moderatorin, Gerold Boschinger, Staatssekretär im Umweltministerium, Doktor Arnulf Böse, ein Wirtschaftsfachmann, sowie Herr Matthias Spitzer, Soziologe und Sprecher von wechselnden Minoritäten, sitzen in einer Talk-Show-Runde zusammen.

Z. D.   Einen schönen guten Abend, meine Damen und Herren. Ich begrüße Sie wieder einmal zu unserer neuesten Ausgabe von *Diese unsere Welt.* Wir hoffen, wir haben wieder ein paar interessante Themen auf Lager, und als Experten haben wir diesmal zu Gast – und darf ich Ihnen vorstellen: Hier zu meiner Rechten sitzt Herr Professor Doktor Gerold Boschinger. Guten Abend, Herr Professor!

BOSCHINGER   Ja, guten Abend! *Greift nach Chips.*

Z. D.   Herr Doktor Boschinger ist stellvertretender, äh …

BOSCHINGER   Ja, genau.

Z. D.   *lacht* Hähähä, richtig, ja, im Bayerischen Umweltministerium.

BOSCHINGER   Ja, genau, das kann man so sagen, aber was ich als Umweltsprecher zu sagen hätt, das können S' eh alles nachlesen, da habe ich hier ein Umweltpapier mitgebracht. Außerdem repräsentiere ich neben der Altherrenriege der ehemaligen Faschingsprinzen den Humoristika-Verlag Jokus sowie …

Z. D.   Ja, darauf kommen wir noch, Herr, äh, Boschinger, hochinteressant, und, äh, aber zu meiner Linken sitzt hier Doktor Arnulf Böse, der Wirtschaftsexperte in unserer Runde.

BÖSE   Jawohl.

Z. D.   Herr Doktor Böse, Sie sind Chefredakteur der Zeitschrift *Vollgas* und dem einen oder anderen unserer Fernsehzuschauer noch bestens bekannt aus unserem Ratgeber *Der sichere U-Bahn-Schacht.*

BÖSE   Guten Tag, Frau Zitzl-Dumont, ja, ich bin aber in erster
Linie hier als Obmann der Tarifrundenkontrollkommission
der deutschen Zubehör- und Zulieferindustrie des deutschen
Automobilverbandes in meiner Eigenschaft als Sprecher der
Aktion »Rettet das Automobil«.

Z. D.   Schön, Herr Dr. Böse, auch das wird noch zur Sprache
kommen, äh, aber ich habe hier noch einen Gast, und zwar
Herrn – *liest ab* – Matthias Spitzer. Herr Spitzer, Sie haben –
liest ab – nach vergeblichen Anläufen, im Rundfunk unterzu-
kommen, äh, sich einen Namen machen können als Sprecher
wechselnder Minderheiten. Das kann man doch so sagen,
oder?

SPITZER   Ja, guten Tag, äh, ich bin aber Sprecher von wechselnden Minoritäten, wenn ich gleich eine kleine Korrektur an-
bringen darf. Wir haben …

Z. D.   Herr Doktor Böse, um gleich spontan zum Thema zu kommen, was meinen denn Sie nun dazu?

BÖSE   Ja, Frau Zitzl-Dumont, Sie sprechen im Grunde nur das
an, was uns schon lange bewegt.

BOSCHINGER   *kriegt gerade eingeschenkt* Ja, gerne.

SPITZER   Ja, aber ich wollte eigentlich noch kurz …

BÖSE   Ich darf doch bitte ausreden?! Also, wie gesagt, es handelt
sich im Grunde doch um bekannte Phänomene, die wir nun
auch einmal von der anderen Seite betrachtet wissen wollen,
sonst artet das aus in Fachidiotie.

BOSCHINGER   Genau.

BÖSE   Schauen Sie … Gottlieb Daimler hatte das Automobil als
Ganzes im Auge und nicht bloß den Vergaser.

BOSCHINGER   Genau, oder 'n Turbolader.

SPITZER   Ja, aber …

Z. D.   Könnten wir also vielleicht dahingehend Übereinkunft er-
zielen, dass einige technische Raffinessen erst im Laufe der
Zeit erfunden werden mussten?

SPITZER   Ja, aber …

BOSCHINGER   Genau.

BÖSE   Völlig d'accord.

2. TEIL

Z. D.   Nun, Herr Doktor Böse, Sie gelten als intimer Kenner der
Materie. Würden Sie uns vielleicht einmal kurz aus Ihrer Sicht
erläutern, was nun konkret das Problem ausmacht?

BÖSE   Schauen Sie, es ist doch so, dass dem Auto heute zunehmend Straßen vorenthalten werden, die bei etwas gutem Willen gebaut werden könnten. Mit andern Worten, der Lebensraum des Automobils wird regelrecht eingeschnürt.

BOSCHINGER   Aus der Sicht vom Umweltschutz heraus, wenn
mir koane Straßen ham, ham mir auch koane Böschungen
zum Begrünen. Schaut doch wunderbar aus, so a grüne Bö-
schung. Und das natürliche Biotop der Autobahnkrähe is halt
amal die Autobahn.

BÖSE   Sehr richtig.

Z. D.   Ein interessanter Aspekt in der derzeit so hochgespielten
Umweltdiskussion. Aber was meint man dazu in Umwelt-
schützerkreisen? Herr Spitzer, bitte!

SPITZER   Ja, das sehen Sie doch schon an dem Zynismus, mit
dem ein Großprojekt wie Wackersdorf…

Z. D.   Herr Spitzer, der Wert oder Unwert von Großprojekten
zeigt sich ja doch meist erst nach Jahrhunderten. Auch Schloss
Neuschwanstein beispielsweise galt während seiner Bauzeit als
äußerst umstritten. Würden die Neunmalklugen von damals
heute noch leben, würden sie wohl auch anders denken, meine
Damen und Herren.

BOSCHINGER   Genau. Des können S' alles in unserem Umweltpapier nachlesen.

BÖSE   Wir haben in unserer Zeitschrift *Vollgas*…

SPITZER   Ja, aber, was hat Neuschwanstein mit Wackersdorf…

BÖSE   Ja, wenn Sie uns das bitte mal erklären wollten!

SPITZER   Sag ich doch!

Z. D.   Ja, dann sind wir ja wieder mal einer Meinung, meine Herren.

3. TEIL

Z. D.   Nun zu Ihnen, Herr Professor Boschinger, Sie sind ja nun
Naturfachmann von Berufs wegen, äh … kann man so sagen?

BOSCHINGER   *kriegt gerade eingeschenkt* Ja, danke.

Z. D.   Aus dem Kreislauf der modernen Natur ist der sogenannte
Baum als Ökofaktor im Grunde doch kaum mehr wegzudis-
kutieren.

BOSCHINGER   Da ham Sie recht, vollkommen recht, schaun
Sie, 's is ja im Grunde gnommen recht einfach, können S' ois
in unserm Umweltpapier nachlesen. Schaun Sie hier, ich zeig
Ihnen amal des Grundprinzip von so am Zellverband. *Er steht
auf, geht zu einer braunen toten Fichte in einem Pflanzkübel.*
Hier haben wir Stamm und unten das Wurzelwerk …

SPITZER   Ja, aber der Baum ist ja vollkommen …

BOSCHINGER   *redet weiter, als ob Spitzer nichts gesagt hätte …*
das Wurzelwerk is hier im Erdreich verborgen, es gibt ver-
schiedene Wurzln, a Pfahlwurzl, a Herzwuchswurzl, a Flach-
wurzl, das, was sich hier so wegspreizt, das nennt man Äste
oder das Geäst, und am Geäst befinden sich wieder je nach
Phänotyp Blätter oder Nadeln. Die Spitze wird im Allgemei-
nen als Krone bezeichnet, und das Ganze nennt man dann
Baum. In diesem Fall haben wir Nadeln, es handelt sich also
um einen Nadelbaum. *Er streift dabei sämtliche Nadeln von
dem Bäumchen ab.*

Z. D.   Also, Wurzeln, Stamm, Geäst und Blätter oder Nadeln, je
nachdem, ergeben als Gesamtheit das Ökosystem Baum, meine Damen und Herren.

BOSCHINGER   Ja, des können S' ois nachlesen in unserm Umweltpapier.

BÖSE   Is ja interessant.

4. TEIL

Z. D.   Herr Doktor Böse, in der freien Marktwirtschaft gibt es ein
Sprichwort: »Die Freiheit des Machbaren ist unantastbar.«
Was spricht der Wirtschaftsfachmann?

BÖSE   Tja, kann ich nur voll unterstützen. Schaun Sie, wir von der Artenschutzkommission für bedrohte Automobile müssen heute bereits die bange Frage stellen: Wo bleibt der Doppelvergaser? Wo finden Sie heute noch 'nen akzeptablen Parkplatz in der Innenstadt? Sehn Sie, der Lebensraum des Automobils steht auf dem Spiel.

BOSCHINGER   Genau, des können S' ois in unserm Umweltpapier nachlesen.

BÖSE   Wir von der Zeitschrift *Vollgas* fordern daher: Schluss damit! – Danke! *Ihm wird gerade eingeschenkt.*

Z.D.   Ja, ja, da wird es manch böses Erwachen geben, wenn nicht schleunigst einiges geschieht. Unsere Mobilität ist schließlich der adäquate Ausdruck unseres abendländischen Lebensgefühls.

SPITZER   So ein Quatsch. Die Autolobby lässt sich doch sowieso nicht die Butter vom Brot …

BÖSE   Jetzt werden Sie nicht polemisch, junger Mann!

Z.D.   Ich sehe hier auch nicht ganz den Zusammenhang, Herr Spitzer.

SPITZER   Wie brutal Staat und Industrie vorgehen, sieht man doch an Wackersdorf, da …

BOSCHINGER   Jetzt begeben S' sich auf eine Ebene, wo mir net weiterreden können. Mit Unsachlichkeit is da nichts getan. Informieren S' sich doch erst amal. Des können S' doch ois nachlesen in unserm Umweltpapier. – Danke. *Ihm wird gerade eingeschenkt.*

SPITZER   Ja, aber …

BOSCHINGER   Ja, lassen S' mich doch amal ausreden, ja – danke.

Z.D.   Ich würde also auch sagen, immer der Reihe nach, Herr Spitzer.
Herr Spitzer schweigt wieder.

5. TEIL

Z.D.   Meine Damen und Herren, es ist nun vielleicht der geeignete Augenblick, um auf eine interessante Neuerscheinung hinzuweisen. Professor Boschinger, der heute abend hier bei uns weilt, ist der Autor. Herr Professor, Ihr neuestes Werk, *Ich war Prinz*, ist das nun mehr eine Art Schlüsselroman oder mehr autobiographisch zu verstehen?

BOSCHINGER   Ja, ich tät sagen, beides, weil ich war Prinz, und dieses Büchlein ist aber außerdem auch als Zeitdokument gedacht.

Z. D.   *blättert in dem Buch* Ah ja, da haben wir hier zum Beispiel … Kann die Kamera mal, äh, hier sieht man, wie man sich eine Prinzenmütze oder eine Narrenkappe selbst bastelt.

BOSCHINGER   Ja, oder zum Beispiel für Gschäftsleute a praktischer Hinweis: Wie werde ich Mitglied im Elferrat.

SPITZER   Ja, aber, wenn man bedenkt, dass in Wackersdorf eine Wiederaufbereitungs…

BOSCHINGER   Jetzt hörn S' doch amal auf, Sie haben doch keine Ahnung, oder waren Sie schon mal Prinz?

SPITZER   Nein, aber …

BOSCHINGER   Also, dann wern S' doch erst amal Prinz.

BÖSE   Ich muss also auch sagen, ständig wird ma hier unterbrochen.

BOSCHINGER   *zu Böse* Waren Sie schon mal Prinz?

BÖSE   Nein, nein, aber ich bin Mitglied im Elferrat.

6. TEIL

Z. D.   Herr Doktor Böse, Professor Boschinger, Frage an die beiden Experten: Wie soll's denn nun weitergehen?

BOSCHINGER   Ja, es gibt meines Erachtens keine Alternative zur Umwelt, aber Umwelt is ja in erster Linie amal Umfeld, des ham wir in unserer Broschüre eindrucksvoll dargestellt, des können S' jederzeit nachlesen in unserm Umweltpapier. *Ihm wird nachgeschenkt.* Ja, danke.

Z. D.   Herr Doktor Böse …

BÖSE   Also ich bin der Meinung, dass man unsere Umwelt auch mal unter wirtschaftlichen Aspekten, verstehen Sie. Es rechnet sich nicht, wenn Sie jedem Laubfrosch hinterherquaken, das rechnet sich einfach nicht.

Z. D.   Sie plädieren also mehr für das Sowohl-als-auch.

BÖSE   Ja, eine faire Synthese zwischen Ökonomie und, äh ...

BOSCHINGER   Genau.

SPITZER   Das darf doch nicht wahr sein, hier von Synthese zu sprechen. Wenn man sieht, wie in Wackersdorf ...

Z. D.   Wir kommen noch drauf, Herr Spitzer, da kommen wir noch hin, äh, aber ich möchte doch an dieser Stelle, äh, gestatten Sie mir als Frau, einmal mein Glas zu erheben, wir haben ein kleines Jubiläum, wir haben heute die siebzigste Sendung von *Diese unsere Welt*, und obendrein ist Professor Boschinger vorgestern achtundvierzig geworden.

BOSCHINGER   Haha, ja, danke.

Z. D.   Wann haben Sie Geburtstag, Herr Doktor Böse?

BÖSE   Neunundzwanzigster Oktober.

Z. D.   Dann sind Sie 'n waschechter Skorpion.

BÖSE   Aszendent Fisch, aber im chinesischen Horoskop bin ich Ratte.

Alle außer Spitzer lachen, Spitzer schaut auf die Uhr.

7. TEIL

Z. D.   Bevor unsere Sendezeit ihrem Ende zugeht, meine Damen und Herren, dachten wir, dass jeder Experte noch mal abschließend zu den Fragen unserer Zeit Stellung nehmen kann. Professor Boschinger, wollen Sie den Anfang machen?

BOSCHINGER   Ja, ich will eigentlich nur noch amal darauf hinweisen, wir haben hier extra für diesen Zweck unser Umweltpapier konzipiert, da können S' alles Wesentliche nachlesen, und im Übrigen kann ich jedem jungen Mann nur auf den Lebensweg mitgeben: »Werden S' amal Prinz!« Des ist ein unvergessliches Erlebnis. Ja, danke. *Ihm wird eingeschenkt.*

Z. D.   Vielen Dank, Herr Professor Boschinger.

SPITZER   Also, ich möchte jetzt ...

Z. D.   Herr Doktor Böse, Sie sind an der Reihe.

BÖSE   Tja, Frau Zitzl-Dumont, mir bleibt an dieser Stelle nur, einem Berufeneren das Wort zu erteilen. Lassen Sie mich Karl Jaspers zitieren: »Alles, wovon wir sprechen, trifft zusammen im Menschen. Natur, Geschichte, das Umgreifende, das Wesen des Menschen ist unvergleichlich.«

z. d.   Besser kann man das wohl kaum ausdrücken, Herr Doktor ...

spitzer   Also ich möcht jetzt doch auch noch amal die Gelegenheit wahrnehmen und an dieser Stelle betonen, dass ein Projekt wie Wackersdorf ...

z. d.   *nimmt den Hörer ab* Ja ... *Zu Spitzer gewandt* Moment ... *Wieder ins Telefon* Ja, ah so, ja ... ja ...

8. TEIL

z. d.   Meine Damen und Herren, Sie kennen das geflügelte Wort, immer wenn's am Schönsten ist ... Auch bei uns ist es wieder mal so weit. Meine Herren, ich danke Ihnen, dass Sie bei uns im Studio zu Gast waren. Wir haben wieder ein paar heiße Eisen anpacken können, natürlich, bei der Kürze der Zeit konnten wir nicht alle Themen erschöpfend behandeln, mir bleibt nur noch, Ihnen einen guten Abend zu wünschen.

Die Verantwortungsnehmer

HERR LEIM   Herr Spitzer, was soll denn des? Mir wolln doch feiern, aber doch nicht mit Sekt – Schampagner … weil ….

HERR SITTICH   Des war a Werbegeschenk!

HERR LEIM   Ja, um Gottes willen! Holn S' an Schampagner! Aber oberste Kategorie!

Spitzer geht ab.

HERR LEIM ZUM PUBLIKUM   Der Spitzer stammt aus kleinen Verhältnissen, und den genetischen Defekt schleppt er sein Leben lang mit sich herum. Schaun S', Staat, Länder, Gemeinden, der öffentliche Sektor, Radio, Fernsehn, aber auch Privatwirtschaft, wir erleben ein zunehmend desaströses Wirtschaften, ein ruinöses Gebaren auf Kosten der Steuer- und Gebührenzahler, die in Geiselhaft genommen keine Chance haben zu entkommen. Und wer ist dafür verantwortlich? Niemand, oder besser gesagt, keine Sau! Sehn S', und da haben wir 2008, es war die Stunde null, Sie erinnern sich! Lehman Brothers, da sind wir in die Bresche gesprungen und haben die Schilda Response GmbH & Co. KG ins Leben gerufen. Unser Target war und ist: Übernahme von Verantwortung, und zwar en gros! Ideell natürlich, denn zahlen tut immer der Geschädigte. Wir müssen streng unterscheiden zwischen Schadensverursacher und Verantwortungsnehmer. Wir von der Schilda Response GmbH & Co. KG übernehmen, gegen entsprechendes Honorar, jede moralische Verantwortung und füllen damit die Verantwortungslücke.

Hier, unser Herr Sittich zum Beispiel hat die Verantwortung für den Fukushima-Unfall übernommen. Bravo, Herr Sittich! Die Firma Tepco war der Situation in Fukushima zwar nicht ganz gewachsen, hat aber nun von der Versicherungssumme der Münchner Rück zwei neue Atomkraftwerke in der Türkei bauen können. Sollte wieder etwas passieren, die Türkei ist ein erstklassiges Erdbebengebiet – unser Herr Sittich ist sofort wieder bereit, die gesamte Verantwortung zu übernehmen. Schuldige braucht man vor allem für die Presse, und die Idee des Prangers ist nach wie vor taufrisch.

Nehmen wir Politiker. Im Konzept des Politikers ist Verantwortung nicht vorgesehen. Sollte er einen groben Fehler gemacht haben, egal ob er zu deppert war oder nur aus Arglist, dann geht er in Pension und kassiert monatlich 5000 bis 10 000 €, als Vertrauensbeweis in die Demokratie. Unser Herr Sittich ist ein professioneller Watschenmann, gell, Herr Sittich!

HERR SITTICH   Auf alle Fälle!

HERR LEIM   Er ist als unser Verantwortungsnehmer quasi prädestiniert, weil er schon als Bub Prügel für Taten bezogen hat, die er gar nicht begangen hatte, stimmts Herr Sittich?

HERR SITTICH   Eindeutig!

HERR LEIM   So etwas qualifiziert natürlich. Den Skandal bei der Bayerischen Landesbank, da haben Sie doch auch den Kopf hingehalten, oder?

HERR SITTICH   Sowieso, weil der Stoiber hat für Verantwortung überhaupt koa Zeit ghabt, und die andern aa ned.

HERR LEIM   Nehmen wir bloß ein paar Fälle wie den Berliner Flughafen – ein Milliarden-Schwund, oder Stuttgart 21. Die Deutsche Bahn – ein Stakkato von einer Pleite in die andere. Der Dieselskandal – Zigtausende von Kraftfahrern müssen allein die Folgen von einem betrügerischen Deal ausbaden. Das Insektensterben – aber die Chemiegiganten werden entschädigt, damit noch wirkungsvollere Gifte auf den Markt kommen können! In weiten Flächen Deutschlands ist das Trinkwasser verseucht, weil die Großmästereien ihr Zeug bis nach Afrika exportieren müssen. In Altötting und Umgebung wird gerade untersucht, welche Arten von Krebs der Gebrauch von Weihwasser erzeugt. Hochkonjunktur für unseren Herrn Sittich, gell?

HERR SITTICH   Ja, aber ich muss gestehen, ich steh dazu, weil einer muss ja schuld sein!

HERR LEIM   Hier, da ist der Waschkorb! Nur Drohbriefe! *Nimmt sie nacheinander.* Sie Drecksau, Sie elendige … vergast ghörn S' … am Sack aufgehängt … man sieht, es gibt sie noch, die lebendige Empörungskultur, wo man meint, alles wär allen wurscht. Da sieht man, wie wichtig der Beruf des Responsabilisten heut ist. Selbst bei Bagatellschäden wie einer Amputation am falschen Bein – der Arzt ist Alkoholiker, kann nicht zur Verantwortung gezogen werden – der Schmähbrief geht an Herrn Sittich und man ist erleichtert.

HERR SITTICH   Den Fall hat der Herr Spitzer übernommen, der übernimmt die kleinen Fische!

HERR LEIM   Stimmt, der Spitzer hat auch übernommen, dass es einen Dobrindt gibt. *Lacht* Gigaliner!

HERR SITTICH   Ha ha, ja der Gigaliner!

Spitzer erscheint mit Schampagner.

HERR LEIM   Da ist er ja, wenn man den Esel nennt …

HERR SPITZER   Ich hab aber auch die Verantwortung übernommen, dass es einen Herrn Scheuer gibt!

HERR SITTICH   Aber den Glyphosat-Schmidt, den hab i übernomma!

HERR LEIM   Meine Herren. Schluss mit den Bagatellen! Wir haben heute Grund zum Feiern! Einen Großauftrag der Bundesregierung!

HERR SITTICH, HERR SPITZER   Naaa?!

HERR LEIM   Sie hat das Klimaziel von Paris nicht erreicht, wird es auch nie erreichen, die Pole und Gletscherschmelzen, Plastikkügelchen sind bereits in der Nahrungskette! Die Regierung übergibt umständehalber uns die Verantwortung!

HERR SITTICH   Gern, ich wars.

HERR SPITZER   Und ich bin schuld, dass der HSV absteigt!

HERR LEIM   Prost mitanand, Urlaub ist gestrichen!

i. A. Deutelmoser II

und teilen Ihnen hiermit fristlos mit Komma dass der pH-Wert einer Leberknödelsuppe nur in mittelbarer Korrelation steht zur Schadstoffspeicherung von Schwermetallen wie Blei Komma Arsen Komma Quecksilber o. ä. der Leber desjenigen Schlachtviehs Komma dessen Leber bei der Leberknödelsuppenverarbeitung passiv im Knödel zur Anwendung gebracht wurde Komma d. h. Komma es besteht kein – kein unterstrichen – direkter Zusammenhang zwischen dem Vergiftungs Bindestrich Komma Säure Bindestrich Komma als auch dem Geschmackskoeffizienten des in der Leberknödelsuppe verwendeten Leberknödels Komma woraus eindeutig hervorgeht Komma dass die in der Schlachtviehleber gespeicherten Schwermetalle somit als geschmacksneutral einzustufen sind und beim Verzehr der Leberknödelsuppe ergo nur in Form eines kaum quantifizierbaren erhöhten spezifischen Gewichtes des Leberknödels selbst durch die hohen spezifischen Gewichtsanteile der in der Schlachtviehleber abgelagerten Schwermetalle ausgewiesen werden könnten Komma wenn nicht der Schwermetallanteil der im Leberknödel ebenfalls eingearbeiteten Petersilie einer eindeutigen Quantifizierung im Wege stünde Komma d. h. Komma der Gesamtschwermetallanteil des Leberknödels kann wiederum ebenfalls nur bedingt dem Schwermetallanteil der im Leberknödel verarbeiteten Leber zugeordnet werden Komma da die Verwendung von Petersilie im Leberknödel einerseits nach Übereinstimmung aller – aller unterstrichen – relevanten in Bindestrich und ausländischen Leberknödelsuppenrezepte unabdingbar ist Komma andererseits die Petersilie heutzutage über einen extrem hohen Sättigungsgrad von Blei Klammer auf lateinisch Plumbum Klammer zu und Quecksilber verfügt Punkt

Hochachtungsvoll
i. A.
Deutelmoser

Anlagen: 1 Buch, bedruckt
      1 Schutzumschlag, abnehmbar

UNWISSENSCHAFTLICHER ANHANG

Kleine Wiesnkunde

Der Mann mit dem Antilopentrachtenlederkostüm war perfekt. Er war total charivarisiert. Er nickte ständig mit hochrotem Kopf. Um diese Zeit kommt so ein Teint aus Ibiza oder Formentera.

Anschließend geht er sofort auf's Oktoberfest, weil er ist ein Traditionalist. Seine Begleiterin ist eine flachsblonde Person, sie hat sich ihr Dirndl in New York anfertigen lassen, bei Sepp's im Hirschhorncenter.

Die flachsblonde Person isst nie irgendetwas, will auch heute keinen loup de mer, obwohl sie auf dem Oktoberfest ist, sie sagt: »Es ist da immer recht zünftig.«

Inzwischen sind noch mehr Leute mit perfekten Antilopentrachtenlederkostümen da. Unter ihnen befinden sich keinerlei Kinder, bis auf das eine in einem Antilopentrachtenlederkostüm, auch der Trachtenhut ist aus Antilope. Der Gamsbart ist aus Glasfiber. Der echte Gamsbart könnte auf dem Wege zum original Bierzelt verloren gehen.

Der Mann, der immer noch nickt, sagt: »I war ois Kind scho auf der Wiesn.« Er sagt es betont und sagt es fast bayrisch, da er gerade keinen Geschäftsabschluss feiern muss.

Alle Leute im original Bierzelt sind jetzt zünftig und erzählen sich, was ihre Antilopentrachtenlederkostüme gekostet haben. Ein Zeitungsverkäufer, also ein Pakistani, verkauft gerade eine Schlagzeile. Diese besagt, dass einer, der gestern noch überall im Antilopentrachtenlederkostüm zu sehen war, jetzt pleite ist. Der echte Gamsbart wurde ihm vom Hut heruntergepfändet. Es geht ein Raunen durch das original Bierzelt.

Der Mann aus Ibiza oder Formentera erzählt eine nette Geschichte. Ein guter Freund von ihm, also ein Mensch durchaus im Antilopentrachtenlederkostüm und immer total charivarisiert, ging in das Spiegellabyrinth. Da er »am Ende« war, also total alkoholisiert, fand er aber aus dem Spiegellabyrinth nicht heraus. Da jedoch ein Gesetz lautet: »input = output«, musste sich der Freund im Antilopentrachtenlederkostüm entleeren und tat dies gänzlich und, wie man so schön sagt, total.

Die Wiesnbesucher konnten in das Labyrinth von außen einsehen und waren total begeistert. Der Mann nickte jetzt noch intensiver und schrie: »Das war der größte Tag auf der Wiesn!« Darauf bestellte er eine »Magnum«, also eine Riesenflasche Champagner, und erzählte die Geschichte an diesem Wiesntage noch mindestens neunzehnmal oder mindestens so oft, wie er es einem jeden erzählen konnte. Von irgendwo draußen im Gewoge geht ein Mann mit einem Schild durch die »Zünftigen«, auf dem abzulesen ist, wo man sich eine Alkoholleiche abholen kann, falls noch Interesse daran bestünde. Der Mann neben mir ist ein arrivierter Ausländer im Antilopentrachtenlederkostüm und sagt, er freue sich schon sehr, dass er wieder auf der Wiesn sei. Vor zwei Jahren schlug ihm ein Subjekt, also ein anonymer Wiesnbesucher, mit der Faust derart ins Gesicht, dass er unglücklich stürzte und wegen eines Blutgerinnsels im Gehirn ein Jahr stationär blieb, aber in einem First-Class-Krankenhaus.

Wahrscheinlich hat das anonyme Subjekt trotz dem Antilopentrachtenlederkostüm erkannt, dass es sich bei ihm um einen Ausländer handelte. Um sich noch besser völkisch zu integrieren, bestellte er sogleich eine Portion Mozzarella und Reiberdatschi mit Malossolkaviar.

Wenn er schon auf die Wiesn gehe, dann möchte er schon wissen, warum, sagt der arrivierte Ausländer.

Ich greife jetzt zu meinem Antilopentrachtenlederkostüm, verlasse die Wiesn bei Nacht, sehe die Lichter, erkenne die Fischsemmeln wieder, das Einzige, was so ist, wie es immer war auf der Wiesn, und hoffe, nächstes Jahr wieder dabei zu sein.

PS: Wer unbedingt geschäftlich was erreichen will, so oder so – nächste Woche ist in Singapur Oktoberfest. Die Firma Pfr & Co. verleast ein ganzes Oktoberfest. Die Antilopentrachtenlederkostüme werden in Kenia angefertigt.

Bauerntag im Bierzelt

Eine Ansprache im Wahlkampf. Es treten auf und spielen mit: Blas-
kapelle, ein dünner Sommertrachtenanzug, viele dünne Sommertrach-
tenanzüge, Demonstranten, Er.

BLASKAPELLE   Mpftarara mpftarara mpfta mpfta mpftarara
usw. *Gemessener Beifall. Ein dünner Sommertrachtenanzug*
eröffnet mit ebensolcher Stimme das Entertainment.

TRACHTENANZUG   Mit großer Bewunderung, aber auch die
unglaubliche Bereitschaft, sich zu uns, die wir von seiner Zeit
beanspruchen können, hat uns die Gnade erreicht. – Äh, die
CSU wählen zu dürfen ist eine Möglichkeit, die erst seit dem
Zweiten Weltkrieg ermöglicht wurde. *Bravos.* Deshalb stehen
wir in der Verantwortung, diese schicksalsträchtige Schangse
permanent zu ergreifen. *Tosender Beifall.*
Der Trachtenanzug tritt ab. Ein Tribunal aus mehreren dünnen
Sommertrachtenanzügen patschelt routiniert.

BLASKAPELLE   Umpftara rumpftätära rumpf rumpf umpf rä-
rumpf …
Er selbst begibt sich ans Mikrofon. Im Bierzelt gesellt sich zu den
40° Celsius der allgemeine Enthusiasmus.

ER   Männer und Frauen, meine lieben Landsleute! *Bravos und*
vereinzelte Hahas. In der Hitze der Zeit, aber auch von
schwerster Verantwortung getragen, gebietet mir die – *zu den*
Demonstranten mit Plakat –, bstreiten S' doch erst amal Ihre
eigene Existenz, wenn S' was bestreiten wollen – *brüllendes*
Gelächter –, mir ureigene, von einer Minorität vorgehaltene
Verdummungsmache – *Bravos –*, dass, und das darf man wohl
auch einmal bemerken, und wenn es von mir ist. *Gelächter.*
Leider musste der Bauernstand durch Mühen und Not, keiner weiß es besser als ich – *ein einzelnes Bravo –*, besser als
ich –, so weit getragen werden, bis wir Gnade unserer eigenen
Leistung – ich möchte dies einmal in aller Bescheidenheit an-
führen. Ein nicht unbeträchtlicher Anteil der von Ihnen hier
sich versammelten Landbevölkerung hat doch trotz immer

wieder angefeindeter Pamphlete – Sorgen ... *Der Trachten-anzug schnellt empor und applaudiert.* – Deshalb haben wir Siemens in Bayern, Messerschmitt, Bölkow, Blohm in Bayern. Bayern hat die Okkasion, ein Silicon Valley mit Venedig als Hafenstadt – wo die High-Technology eine Dimension hinter sich lässt von unerhörtem Ausmaß – *Bravos* –, eine Agrargesellschaft hinter sich lässt! *Das rurale Publikum rast.*
Ein Kleinkind mit Schweinswürstel in der Hand will ein Autogramm und wird unter Gelächter einiger Sommertrachtenanzüge abgewiesen.
Meine sehr verehrten Damen und Herren! Der Ober sticht den Unter und nicht der Unter den Ober! *Getrampel, Bravos und Gelächter.* Oder will die Minorität uns den permanenten Karneval – oder wie wir sagen würden: Fasching – antragen? *Pfuis und Buhs.* In tiefster Religiosität stehe ich in der Verantwortung. – Wo bei geringstem Restrisiko keine Kontaminierung – das Uran bitte schön ist aus Südafrika, und der Russe besitzt die Sowjetunion. – Ich selbst war Atomminister unter Adenauer – das sage ich diesen Traumtänzern ins Gebetbuch – *Bravos, hört, hört* –, wo ich selbstverständlich jedwede Leukämie jederzeit zu verantworten bereit bin – *Applaus* –, aaaber eine, wohlgemerkt, anständige Leukämie ist immer noch besser als der Sozialismus. *Bravos, Getrampel, Hahas.* Ich selbst habe mir, aus kleinen Verhältnissen kommend, nolens volens – mehrfach – Röntgenbilder anfertigen lassen, aaaber, wie Sie selbst registrieren, überlasse ich es Ihnen, dass ich unter Ihnen weile. *Brüllendes Gelächter.*
Unerträglich aber erscheint mir das, was von den Kanzeln derzeit erschallt, wo der göttliche Auftrag heißt – auch Wackersdorf ein Teil – ein Partikel –, dieser göttlichen Schöpfung ist, und meine Damen und Herren, die Österreicher das Ausmaß der Witze, die man über sie macht, erst einmal erfüllen müssen. Seit wann versteht denn ein Österreicher was vom Atom? *Bravos, Hahas, vereinzeltes Getrampel.* Mir bleibt da in der mir wohlbekannten ureigensten Verantwortung nur zu sagen: Bischof bleib bei deinen Leisten! *Gelächter.*
Gehen Sie, meine Damen und Herren, ruhig nach Haus mit der Gewissheit, dass wir wer sind, wenn wir sind, und dass

unsere als das eigene uns zielstrebig in die Zukunft führt. Minorität heißt Opposition, nicht Chaotentum oder Opposition oder Destruktion ohne Vision. Deshalb – ich weiß, Sie haben Durscht – *Bravos* –, und ich auch! *Getrampel, Applaus, stehende Ovationen.*

BLASKAPELLE   Umtata rumpftat rumpf tumpf tata.

Der dünne Sommertrachtenanzug applaudiert emphatisch. Die ebensolche Stimme pfeift über leere Bierkrüge und nicht aufgegessene Fischsemmeln.

TRACHTENANZUG   Der Dank, der uns die niemals gedachte Überraschung – ER muss heute noch mit Xing Hiau Ping reden, und dann muss er noch nach Windhoek. *Bravo.* Dass er selbst immerhin in der Zeit – aber das gesamte Volumen der Probleme gibt uns die Hoffnung, dass Begriffe, die er wieder auf den Wahrheitsgehalt geführt hat, ein Becquerel ist eine Verlogenheit, mit der man uns nicht an der Nase herumführen kann! Liebe Landsleute, gehts heim, und vergelt's Gott. *Dünner Applaus, das Bierzelt leert sich.*

Dramaturgie des Wahnsinns

Ein Mann in den besten Jahren ist auf dem Heimweg. Er entsteigt »seiner« U-Bahn-Station und strebt dem Teil des 70 000-Menschen-Trabantenstadtsilos zu, das er in seinem gedankenlosgedanklichen Sprachgebrauch dem Begriff »daheim« zuordnet. Es regnet, der Mann spannt seinen Schirm auf, dann wieder zu, als er in einer Bäckerei einen Laib Brot kauft. Beim Verlassen der Bäckerei bläst ihm ein ungemütlich nasskalter Wind entgegen. Er kann gerade noch das flatternde Brotpapier festhalten, das Schirmaufspannen wird bereits zu einer kleinen akrobatischen Übung, aber nichtsdestotrotz entschließt sich der Mann, den bereits seit neun Tagen in seiner Mappe schlummernden Brief an seine Schwester nun endlich doch einzuwerfen. Am Briefkasten weht ihm abwechselnd der Schirm davon, dann das Brotpapier, sodann der Brief, den er seiner Mappe entnimmt, dann wieder das Brotpapier … Endlich, die lästige Depesche ist der Bundespost anvertraut, das schlechte Gewissen ist erleichtert, der Mann schnappt sich seinen Brotlaib, seinen Schirm und eilt beschleunigenden Schrittes dem Betonklotz zu, den er mühelos aus den 136 übrigen als seine Heimat herausidentifiziert. Die Hausnummer ist der Beweis: Er ist angekommen, hier ist er daheim. Indes, o weh!, des Mannes Mappe ist nicht mit angekommen, das heißt, er hat sie irgendwo unterwegs fehlerhafterweise vernachlässigt, und mit der Mappe seinen Hausschlüssel, seinen Geldbeutel sowie seine sämtlichen Papiere. Unerfreulich, aber notwendig: Der Mann geht trotz anhaltend nasskalter Witterung denselben Weg nochmals zurück, erst zum Briefkasten, dann zur Bäckerei. Diese ist bereits geschlossen. Der Mann versucht's am Hintereingang der Bäckerei, vergebens. Dann geht der Mann wieder zurück zu dem Haus, wo er im 12. Stock seine Privatgemächer wähnt. Er läutet bei »Börözük Hausmeister 3 x läuten« dreimal ohne Erfolg, dann, allmählich nervöser werdend – das Brot hat inzwischen unter der Witterung gelitten, das Brotpapier ist irgendwo unterwegs davongeflattert, und erste Symptome eines grippalen Infekts machen sich bemerkbar –, läutet der Mann ziemlich wahllos, bis ihm irgendjemand öffnet. Im 12. Stock stellt er fest, dass sein

Namensschild zwar, wie erwartet, unter dem Türklingelknopf befestigt, die Tür selbst aber, wie ebenfalls erwartet, fest verschlossen ist. Keiner der Nachbarn ist bereit, ihn, den Mann mit Schirm und Brot, als Nachbarn anzuerkennen beziehungsweise ihm zu öffnen oder überhaupt irgendwie zu reagieren. (Dank der Erfindung des Türspions vermittelt sich ihm jedenfalls dieser Eindruck.) Der Mann fährt mit dem Lift wieder zum Hauseingang, läutet noch mal dreimal bei Börözük und spricht dann wahllos Passanten an, die ebenfalls gerade dabei sind, sich ihrer Identität durch passende Hausschlüssel und bekannt vorkommende Möbel rückzuversichern. Bereits die 19. Passantin, eine Frau mit zwei Kindern, antwortet ihm, und das nicht genug, sie überlässt ihm zwei Zehnpfennigstücke frei zu seiner Disposition. Welch erfreuliche Wende! Augenblicklich rennt der Mann mit Schirm und Brotlaib zur nächsten Telefonzelle und ruft den Schlüsselnotdienst an. Bereits eine Stunde zwölf Minuten später erscheint Herr Büttner, der Mann vom Schlüsseldienst, und hält dem Mann mit Schirm und Brotlaib ein Formular zur Unterschrift vor, dass er mit den zu erwartenden Servicegebühren, plus 60 Mark für An- und Abfahrt, einverstanden sein werde. Der Mann unterschreibt, und schon wird der Schlüsseldienstmann tätig. Kompetent, wie der Fachmann nun einmal ist, öffnet er die Tür problemlos in circa acht Minuten. Der Mann stürmt mit Schirm und Brotlaib in seine Wohnung, die ihm zwar im Flur schon etwas fremd vorkommt, aber so was kann ja an solchen Tagen passieren. In der Küche allerdings wundert sich der Mann schon etwas mehr, da sich die Schleiflackeinbauküche in eine Eichefurniergarnitur verwandelt hat. Der Schlüsseldienstfachmann steht am Eingang und harrt inzwischen schon etwas ungeduldig seiner 138,– DM zuzügl. MwSt., als die Wohnzimmertür aufgeht und ein anderer Mann in Unterhosen gegen den ZDF-(*Heute*-)Sendung-Lärm anbrüllt, was er sich erlaube, was hier los sei, und überhaupt, er hole jetzt die Polizei! Blitzartig fällt es dem Mann mit Schirm und Brotlaib wie Schuppen von den Augen: Dies ist nicht seine Wohnung, er hat sich offenbar in der Etage geirrt. Dem Mann in Unterhosen leuchtet das zwar nicht ganz ein, aber da er die ZDF-(*Heute*-)Sendung zu Ende sehen will, sieht er von einer Anzeige momentan ab und schmeißt den Mann samt Schirm und Brot nur aus seiner Wohnung.

Der Schlüsseldienstfachmann ist trotz Flehen und Beteuerungen aller Art und trotz offenstehender Rechnung von DM 138,– + MwSt. nicht mehr bereit, sein Knowhow ein Stockwerk höher nochmals zur Verfügung zu stellen. Er entschwindet unter allerlei Flüchen und wüsten Drohungen samt seinem Werkzeugkasten im Fahrstuhl. Der Mann macht sich nun auf eigene Faust an seiner Wohnungstür zu schaffen. – Was dieser andere Primitivling in acht Minuten geschafft hat, wird er auch irgendwie fertigbringen. Wäre doch gelacht. – Wie er gerade mühsam mit seinem Taschenmesser die Verkleidung seines Türschlosses abgeschraubt hat, öffnet sich die Fahrstuhltür, und zwei uniformierte Angestellte des öffentlichen Dienstes, gefolgt vom Schlüsseldienstfachmann, bitten den Mann mit Schirm und Brot und Taschenmesser höflich um einen Legitimationsnachweis. Der Mann in Unterhosen hat inzwischen die ZDF-(*Heute*-)Sendung zu Ende gesehen, sich eine Hose angezogen und leistet als Zeuge wertvolle Identifikationshilfe: »Jawohl, das war der Mann, der versucht hat, in meine Wohnung einzudringen.« – »Aber dies hier ist meine Wohnung, ich schwör's Ihnen!« – »Das ist ein mieser Uralttrick, Meister, komm, gehn wir auf's Revier.« – »Aber, wenn ich Ihnen versichere, Herr Wachtmeister …« – »Ham S' jetzt an Ausweis oder …« – »Nein, aber … « – »Also, dann gehen wir.« Eine Nachbarin bezeugt nun auch noch, dass dieser Mann mit dem Schirm und dem Brot vorhin auch schon bei ihr geklingelt habe; sie habe alles genau im Spion beobachtet. Die Beamten beginnen mit der Spurensicherung. »Ich krieg noch 138 Mark plus Mehrwertsteuer von diesem Gauner, wenn S' ihn identifiziert haben, rufen S' mich doch bittschön an, da ist meine Karte.« – »Vielen Dank, Herr Büttner, wenn alle Leute so mitdenken würden wie Sie, tät weniger Gsindel frei rumlaufen.« – »Ach, nicht der Rede wert, Herr Wachtmeister, war doch nur meine Pflicht, haha, also wenn S' was wissen, rufen S' mich an, wie gsagt, ich krieg noch 138 Mark plus Mehrwertsteuer von dem Kerl …«

Bereits vier Tage später verließ der Mann mit dem Schirm und dem inzwischen vier Tage alten Brot das Polizeirevier 21, und Herr Büttner, der Fachmann vom Schlüsseldienst, öffnete ihm in acht Minuten anstandslos die Pforte zu den Räumen, an die sich der Mann immer noch genau erinnern konnte. Herr Büttner entschuldigte sich mehrmals für die Verwechslung, »aber es läuft ja so viel Gsindl rum heutzutags, obwohl, ich hab's mir gleich gedacht, der Mann hat im Grund an ganz an ehrlichen Kopf auf …«, und verlangte 276,– DM + MwSt. für 2 x Türöffnen mit An- und Abfahrt … Es hätte natürlich auch ganz anders kommen können:

Der Mann stieg aus »seiner« U-Bahn, kaufte ein Brot, warf einen Brief ein, ging nach Hause und schaltete die ZDF-(*Heute-*)Sendung ein. Und die Nachrichten brachten wieder einmal den Beweis: Überall auf der Welt war der Teufel los …